発達障がい児を育む「創造的身体表現遊び」の実証的研究

大橋さつき 著

多賀出版

目　次

第1章　序論 …………………………………………………………………… 3

1.1　研究の背景　3
　1.1.1　発達障がい児支援の流れ　3
　1.1.2　障がい児を対象とした身体表現活動の現状と可能性　4
　1.1.3　発達障がい児支援における小林-Frostigムーブメント教育の研究動向　10
1.2　「創造的身体表現遊び」の名称と研究の目的　13
1.3　本稿の構成　14
1.4　用語の整理　16
　1.4.1　「障害」と「障がい児」の表記について　16
　1.4.2　「発達障害」の定義　17
　1.4.3　「創造的身体表現遊び」について　19
　1.4.4　「ムーブメント教育」について　19

第2章　「創造的身体表現遊び」の構造と発達障がい児支援における可能性
　　　　──仮説設定に向けた実践プログラムの分析── ……………………… 21

2.1　背景と目的　21
2.2　【研究2-①】「創造的身体表現遊び」の構造と特徴　22
　2.2.1　方法　22
　2.2.2　結果と考察　23
2.3　【研究2-②】「創造的身体表現遊び」における発達障がい児の変化
　　　　──親の気づきを通して──　62
　2.3.1　方法　62
　2.3.2　結果と考察　62
2.4　小括──発達障がい児支援における「創造的身体表現遊び」の可能性（仮説設定）── 66

第3章 「創造的身体表現遊び」における自閉症スペクトラム障がい児の身体運動能力の拡大 …………………………………… 69

 3.1 背景と目的 69
 3.2 方法 71
  3.2.1 対象 71
  3.2.2 検査内容及び手続き 71
  3.2.3 倫理的配慮 75
 3.3 結果 75
  3.3.1 MEPA-R による測定結果から 75
  3.3.2 空間関係把握検査の結果から 84
 3.4 考察 87
  3.4.1 身体意識の形成と空間関係把握能力 87
  3.4.2 能動的な運動体験を軸とした循環的なプロセス 88
 3.5 小括 89

第4章 「創造的身体表現遊び」における発達障がい児のコミュニケーション支援の実際
――自閉症スペクトラム障がい児の他者との相互作用に着目した分析から―― 91

 4.1 背景と目的 91
 4.2 方法 93
  4.2.1 対象 93
  4.2.2 手続き 94
  4.2.3 倫理的配慮 97
 4.3 結果 98
  4.3.1 【研究4-①】「創造的身体表現遊び」における ASD 児の他者関係の変容 98
  4.3.2 【研究4-②】「創造的身体表現遊び」における相互作用成立場面の特徴 105
 4.4 考察――「創造的身体表現遊び」におけるコミュニケーション支援の特徴―― 107
  4.4.1 「共有する」体験の中で 108
  4.4.2 遊びの場におけるコミュニケーションの「型」の体得 108

4.4.3　かかわりながら、かかわることへの欲求を育む　109
4.5　小括　111

第5章　発達障がい児の自尊感情を支える「創造的身体表現遊び」
　　　　――自閉症スペクトラム障がい児の自尊感情傾向の分析から――　……113

5.1　背景と目的　113
5.2　【研究5-①】本研究における発達障がい児の自尊感情に関する尺度の検討　116
　5.2.1　方法　116
　5.2.2　結果　116
5.3　【研究5-②】「創造的身体表現遊び」における対象児の自尊感情傾向の変化　121
　5.3.1　方法　121
　5.3.2　結果　121
5.4　【研究5-③】自尊感情傾向と関連する「創造的身体表現遊び」の場面の分類　126
　5.4.1　方法　126
　5.4.2　結果　127
5.5　考察　130
　5.5.1　豊かな共有体験　130
　5.5.2　自己効力感を高める　131
　5.5.3　自己決定・自己表現　135
　5.5.4　所属感と居場所　136
5.6　小括　138

第6章　総括　………………………………………………………………………141

6.1　各章のまとめ　141
6.2　「創造的身体表現遊び」における発達支援のあり方　143
6.3　今後の課題　145
　6.3.1　本研究の限界　145
　6.3.2　今後の課題と展望　147

文献一覧　153
謝辞　165

発達障がい児を育む「創造的身体表現遊び」の実証的研究

第 1 章　序論

　本章では、まず、本研究の背景として、制度等の変容から発達障がい児支援の流れについて概観する。さらに、先行研究の調査から、障がい児を対象とした身体表現活動の現状と可能性についてまとめる。そして、本研究の基盤となるムーブメント教育の研究動向について、特に発達障がい児支援おける適用性について整理する。これらの背景から問題の所在を明らかにした上で、筆者自身の実践活動の経緯を確認し、それらを基盤とした本研究の目的を掲げる。また、本稿の構成と用語や表記方法について整理する。

1.1　研究の背景

1.1.1　発達障がい児支援の流れ

　この十数年の間に、日本では、医療・教育・福祉の現場において、障がい児を取り巻く制度や教育環境は大きく変化した。特に、「発達障害」をめぐる地殻変動のような動きが起きたと言える。

　文部科学省は、2002年に、「通常の学級に在籍する特別な教育的支援を必要とする児童生徒に関する実態調査」を行い、通常学級で6.3％の児童生徒が学習面あるいは行動面で著しい困難を示すと報告した。これらを受け、2003年3月に文部科学省特別支援教育の在り方に関する調査研究協力者会議から「今後の特別支援教育の在り方について（最終報告）」が出され、障害の程度などに応じて特別の場で教育を行う「特殊教育」から、障害のある児童生徒の教育的ニーズに応じて適切な教育的支援を行う「特別支援教育」への転換を図ることが明記された。この中では、小中学校の通常の学級に在籍する発達障害の児童生徒への適切な指導及び支援が喫緊の課題となっていることが指摘され、小中学校における特別支援教育の体制の確立や制度的な見直しなどを含め、一層の充実が期待された。さ

らに、2005年4月に「発達障害者支援法」が施行され、その対象については、「自閉症、アスペルガー症候群その他の広汎性発達障害、学習障害、注意欠陥多動性障害その他これに類する脳機能の障害であってその症状が通常低年齢において発現するもの」と定義されている。

　臨床の現場における概念とのずれが問題として指摘されるものの、それまで、制度の谷間におかれていた発達障がい児者の法的な位置づけと支援を確立したという点において大きな変化である。同法は発達障害を早期に発見し、発達支援を行うことに関する国及び地方公共団体の責務を明らかにし、支援センターの設立や、障害の早期診断・療育・教育・就労・相談体制などにおける支援システムを確立することなど、発達障がい者の自立及び社会参加をめざして生活全般にわたる支援を図ることを目的としており、これらにそって、「乳幼児から成人期までの一貫した支援の促進」や「専門家の養成や関係者の緊密な連携の確保」に向けた全国の取り組みが着実にその裾野を広げている。

　そして、2007年4月より、学校教育法の一部改正によって、「特別支援教育」の完全開始となり、すべての幼稚園・学校において、障がい児支援の充実が緊急の課題となっている。特殊教育との大きな違いは、理念として「障害のある幼児・児童・生徒への教育にとどまらず、障害の有無やその他の個々の違いを認識しつつ様々な人々が生き生きと活躍できる共生社会の形成の基礎となるもの」という共生社会の実現が加わったことであるが、現在もなお、この理念の実現には様々な課題がある。このような概念定義や教育制度の変革の中で、近年、発達障がい児支援に関する実践や研究は盛んになり絶えず注目を集めているが、支援の現場は大きなうねりの中で未だに混沌としている。

1.1.2　障がい児を対象とした身体表現活動の現状と可能性

　障がい児者を対象とした身体表現活動について調査を行った西（1999）は、「欧米の新しい動きに比べて、日本では、障害のある人を受け入れ、活動するための芸術的・教育的・福祉的基盤が乏しく、その実現に向けての課題は量的にも質的にも多大」であると指摘した上で、個々に応じた目的・内容の設定や評価に関する視点の未整備、指導者の専門的資質に関する問題などについて論じた。その後、15年程の間に様々な活動が見られるようになってきたが、未だに理論の体系化が

遅れ曖昧な枠組みの中で行われている。中でも、発達障害に焦点を当てた研究実践は十分には報告されていない。

　このことは、各々の領域で発達障がい児支援における可能性を示しながらも、身体表現活動の持つ多様性が分野や領域間のズレを生み発展の妨げになっていると考えられる。例えば、ダンスは「体育・スポーツ」か「芸術」かという議論は延々と続いており、コミュニティアートに携る人々からは、学校や福祉施設で行われるダンスが芸術的なダンスと乖離しているとの指摘もある。障がい児を対象とした活動においては、さらに「教育」か「治療」かという区別に対する意識が生じて、ダンス・セラピーの展開の障壁となっている。幼児教育・保育における身体表現活動の動向を見ても、身体表現そのもののとらえ方が多様で曖昧であることが、現場の実践を難しくしていると指摘されてきた。領域「表現」から小学校の教科「音楽」・「体育」への連続性に関する不十分な点も指摘されており（矢内・古市, 2012）、発達障がい児支援においては、幼小連携の意義は大きく、これらの領域を超えて、充実した身体表現活動が継続的に展開されることは重要な意味を持つだろう。

　身体表現活動を発達障がい児支援に活かすためには、分野や領域等を超えた連携が必須であり、それを可能にする理論の構築と具体的な実践方法が必要である。

　以下、発達障がい児支援に関係すると考えられる身体表現活動について、4つの領域における動向を概観する。

①子どもを対象としたダンス・セラピーの現状と課題

　子どもを対象としたダンス・セラピーについては、動きの獲得やその発達過程に焦点を当て発達心理学的観点から独自の運動分析法である Kestenberg Movement Profile（KMP）に関する研究（Kestenberg, 1982; Kestenberg, 1985; Lewis & Loman, 1990; Loman, 1996）、主に精神分析学的発達の観点から動きとのつながりをみた Siegel（1984；1995）などの研究が代表的な理論である。障がい児を対象としたダンス・セラピーの事例報告（Levy, 1983; Loman, 1995）もあり、近年では、子どものためのダンス・セラピー理論と技法の総括が出版されている（Tortora, 2005）。2007年のアメリカダンス・セラピー協会第13回大会においては、子どものダンス・セラピーをテーマに、日本を含め15カ国の現状に対する情報交換や議論が行われた。

崎山 (2008) の報告によれば、子どもに対するダンス・セラピーの重要性を理解し、その国の現状に合わせた対応が必要で、ダンス・セラピストがダンス・セラピーと称してセッションを行うだけでは不十分であるとの認識が共通して確認されている。さらに、崎山は、日本における子どもを対象としたダンス・セラピーの導入に向けて、既存の実践や運動遊びとの関連から、ムーブメント教育等既に日本の教育や療育の現場で子どもを対象として活用されている近接療育の理論や技法を検討する必要性を説いている。子どもの支援における活用については、さらに深く、子どもを取り巻く制度や社会情勢等を考慮した議論が必要である。

②インクルージョン教育における体育・スポーツの展開とダンスの役割

欧米では1970年代より障がい者の体育・スポーツを Adapted physical education または Adapted physical activity と表すようになった（Winnick, 1990）。日本における「アダプテッド・スポーツ」とは、矢部ら（1997；2005）が提唱した新しい概念である。「adapt」という語は、新しいニーズに応じて適合できるように、調節したり、順応させたりすることを意味している。すなわち、アダプテッド・スポーツは、ルールや用具を障害の種類や程度に適合（adapt）させることによって、障がい者はもちろんのこと、幼児から高齢者、体力の低い人など、あらゆる人々がスポーツに参加することが可能となるという考え方に立っている。よって、アダプテッド・スポーツの特徴は、障がい者スポーツの特徴を含みながら、スポーツの対象を「健常者と同じルールや用具の下にスポーツを行うことが困難な人々」（日本体育学会, 2006）としていることにある。金山・山崎（2009；2010）は、アダプテッド・スポーツの発想および実践は、特殊教育から特別支援教育への過渡期にある体育授業において重要な鍵概念となると唱えている。

このようなアダプテッド・スポーツの理念においてダンスの特性に焦点をあてたアプローチとして、「アダプテッド・ダンス（adapted dance）」（Sherrill, 1997）があり、「様々な理由からこれまでの通常のダンスの設定において快感や満足感を得て活動することができなかった人々も、共に楽しんで参加することのできるダンス」であると考えることがでる。アダプテッド・ダンスは、その人を取り巻く人々や環境すべてを包括したシステムづくりこそが大切であるという考え方に基づいている（宮原, 1995）。また、ダンスは、他のスポーツと違って、競争したり勝敗を争ったりすることがほとんどなく、他人と違う動きが表現として認めら

れ尊重される活動であるので、競技スポーツの苦手な人々でも失敗を恐れずに、身体活動を楽しめる場を提供することができ、インクルーシブ教育への適用が高いと考えられる（大橋, 2001b）。

　インクルーシブな教育の実現に向けて体育・スポーツに寄せられている期待に、ダンス・身体表現の特質を活かした活動は大いに応えられる要素を備えている。西（2011）は、「個々人の存在の独自性を相互に認め合い、個別のニーズに細やかに対応しつつ、多様な個性を包み込む新たなデザインやシステムを構想し実現するという、人の創造性にかかわる教育的・社会的課題」について論じ、インクルージョンへの挑戦として身体表現活動の展開を進めている。橋本（2011）は、特別支援教育の視点を踏まえ、ノンバーバルなコミュニケーションによる他者とのかかわりや、一人ひとりが認められる瞬間、主役になれたり自分らしさを表現したりできる場の設定を大事に、「表現運動・ダンス」だからこそできることの重要性を唱えている。しかし、特別支援教育における身体表現の活用は、試行錯誤の段階で実践報告も少なく充実した展開を見せているとは言い難い。

③障がい者が参加するアートとしてのコミュニティ・ダンス

　インクルージョンの流れの中で、障がい者と健常者が同じ場で学び、生きていくために、それを意味あるものにできるか否かは、個性と多様性の重視の姿勢に鍵があるだろう。このような点において、アートの力を教育や福祉、地域の活性に用いようとする動きに「コミュニティアート」があり、その流れにおいて、特に、ダンスのパフォーマンスやワークショップなどを活動の中心におくものが「コミュニティ・ダンス」と呼ばれている。

　日本において、障がい児者を対象とした活動の発展については、Stange, W. の来日公演、ワークショップの開催によるところが大きい。Stange は、「ダンス・ダイナミクス」という独自の手法でワークショップを展開する。そのほとんどがインプロヴィゼーションであり、他者や小道具に反応して動くことから始め、各々の創造性とグループのダイナミズムによって生まれるダンスを体験することを中心に、創作活動を行う（野中, 1990）。

　欧米では、CandoCo など、健常者と障がい者のダンサーが共に舞台で踊り、プロの芸術作品として既に世界的な評価を得ている。日本では、コミュニティ・ダンスという名称の他に、インクルーシブ・ダンス等の名称で、障がい児者が参

加するパフォーマンス団体は既に存在し、舞台発表を目指して共に創る過程から活動を展開している。障がい者が参加する舞台表現活動について調査した森（2004）は、舞台で表現することを共通の目標に誰もが対等でかつ濃密な関係性を築くこと、そうした関係性には「交感」というべき身体的コミュニケーションが生起することをその特徴として報告している。個々の個性がまるでばらばらな参加者が、従来甘んじていた非対等的な関係性（親と子、サポーターと障がい者等）を失いつつも、「表現したい」という欲求から、舞台へ向かう求心力を集中させて、いつの間にか共同体として成立するという現象を舞台表現活動ならではの特徴として述べている。また、茂木（2010）は、「アーティスティックな表現活動は人と人をつなぐ働きがあり、多くの場合、非言語的活動であり、ことばの壁を越えられるコミュニケーションツール」であると述べている。そして、障がい児とのメディアアートワークショップの実践を通して、障がい児が、固定概念をたやすく破壊し、既存の考えを捨てることの大切さを教え、「志向性を共にしながらも、視点の異なる他者」との出会いや継続してつながることが、参加者の学びを「アンラーン（unlearn）」してくれ、「まなびほぐし」という効果を与えると述べている（佐伯, 2012）。

　障がい児者を包み込む芸術活動は、多元共生型の市民文化を創造すると考えられ、その中でも特に身体表現活動は、あらゆる人々が最も制限の少ない場を提供し、交流や相互交渉をもとに共に表現を創り上げていくことを可能とし、社会における共生・共創の縮図的体験を提供しているととらえることができるだろう

④保育・幼児教育における身体表現活動の可能性と課題

　2008年（平成20年）の幼稚園教育要領および保育所保育指針に定められた領域「表現」における目的は、「感じたことや考えたことを自分なりに表現することを通して、豊かな感性や表現する力を養い、創造性を豊かにする」ことである。さらに、「内容の取り扱い」として、「生活経験や発達に応じ、自ら様々な表現を楽しみ、表現する意欲を十分に発揮させることができるように、遊具や用具などを整えたり、他の幼児の表現に触れられるようにするよう配慮したり、表現する過程を大切にして自己表現を楽しめるように工夫すること」が新たに示された。幼児期の遊びとしての身体表現の特性は、松本（1999）が既に論じているように、「幼稚園教育要領」および「保育所保育指針」に示された保育・幼児教育の目標

とされる五領域すべてにかかわるものである。

　しかし、保育者が身体表現の意義を見いだし実施していても、そのとらえ方が広範でその位置づけが曖昧であり、保育者自身も展開方法には自信がなく、実際は「体操」、「リトミック」等の特定の活用に画一化しているとの報告がある（本山ら, 2002；高原ら, 2007；古市, 2007；多胡, 2008）。今後、実際に行われている身体表現活動が、領域「表現」の目指すねらいを達成できているかどうかの十分な検討に加え、「健康」、「言葉」、「人間関係」、「環境」の他領域との関連の中で、子どもの「感性」や「創造性」、「自分なりの表現」を育む具体的な活動の充実が求められる。

　また、発達的視座から身体表現をとらえた研究には有意義な知見が多い。例えば、青木ら（2011）は、0〜1歳、2〜3歳、4〜6歳の対象別に身体表現遊びの豊富なプログラム案を提示している。ただし、これらの研究実践を支える発達観は、保育のクラス編成に沿った年齢段階別によるもので、定型発達を前提にした発達理論に基づいており、発達障害特有の多様性や偏りにも対応できる新しい発達観による研究実践が必要であろう。

　さらに、保育の「かかわり」の中で協同体験を充実させることをねらった遊び活動の実践研究には、身体表現の重要性が論じられている。例えば、統合保育の自由遊び場面における分析を行った森田（2004）は、身体的接触を通して、子ども同士が許容することを学び、互いに潜在的な可能性を引き出し合いながら自己表現と他者理解の幅を広げていることを明らかにした。さらに、言語獲得や言語理解に制限がある子どもに対しては、言葉にならない意思表現を身体表現として導き出し具体的なかかわりを仲間に見せることで、障がい児と健常児の相互作用を促すことができると述べている。松永ら（2012）は、身体表現と幼稚園生活全般としての「保育」の相互関連に着目しながら、子どもたちにとってクラスが「お互いを肯定的に承認し合う場」として「居場所」となっていく過程を明らかにし、保育者と子どもの人間関係の変容にも影響を与えていることを明らかにしている。

　発達障がい児支援においては、保育所・幼稚園の担うべき役割が増加しており、保育・幼児教育における身体表現活動の役割は大きい。幼稚園・保育所における身体表現活動の蓄積と発達障害に関する新たな研究や方法論の合流は、幼児期の発達障がい児支援に重要な実践の流れを生み出すに違いない。今後、身体表現の本来の特性を生かした充実した創造的な集団遊びの実践は、「気になる子ども」

も含めた発達障がい児への対応、様々な子どもたちが共に育ち合う統合保育の実現に向けても強く求められるであろう。

1.1.3 発達障がい児支援における小林‐Frostigムーブメント教育の研究動向

次に、筆者の実践活動の土台となるムーブメント教育について、特に発達障がい児支援における適用の現状をまとめる。

アメリカのMariannne Frostig（マリアンヌ フロスティッグ；1906-1985）によるムーブメント教育は運動遊びを原点とした発達支援法であり、小林芳文らによって1970年代後半に日本に導入され、障がい児支援に有効であることが確認されてきた。

小林‐Frostigによるムーブメント教育は、現在の日本の特別支援教育の流れを先取りしたような研究成果があり、療育・教育・福祉・医療・保育等、様々な現場で活用されている。以下に、発達障がい児支援における研究動向をまとめる。

かつて、発達保障論の考え方に基づいて訓練が主流であった日本の障がい児教育において、「遊びが基本で訓練ではない」ことを主張してきたムーブメント教育に対して、「遊ばせてばかりでは、子どもの発達を保障できない」という批判が多かったという。しかし、1999年の学習指導要領の改訂で「養護・訓練」が「自立活動」に変更されたことが引き金となり、発想の転換に迫られた現場の教育者に向けて、子ども一人ひとりの個性を最大限に尊重し、社会参加するための基盤となる資質や能力の育成を図るための活動として、ムーブメント教育による豊かな方法論が提示された（小林・當島ら, 2001）。さらに、2008年公示の学習指導要領の改訂で、これまでの「健康の保持」、「心理的な安定」、「環境の把握」、「身体の動き」、「コミュニケーション」の項目に加え、新たに「人間関係の形成」の項目が追加され、他者の存在に関心を持ち積極的にかかわろうとすること、集団の中で適切に行動すること等の観点から新たな内容が盛り込まれた。この新しい項目の具体的な展開にも「動きの中で自己の身体を知り、かかわりの中で他者の身体を知ること」、そして、「集団の中で個を活かす」取り組みを大事にしてきたムーブメント教育の実践が役立つとさらに注目を集めた。金川（2008）は、特別支援校における実践において、ムーブメント教育は自立活動のすべての内容を含

み、子どもの発達を支援すると報告し、加えて「交流および共同学習」への適用の可能性を論じている。

　2007年度の特別支援教育導入により、発達障がい児の指導が位置付けられたことから、LD、ADHD、高機能自閉症の子どもたちへの対応を意図した取り組みが必須とされたが、ムーブメント教育は、それらを先取りする形で発達障がい児の支援の新しいあり方を提唱してきた。小林らは、身体協応性の調査を通して発達障がい児の「不器用さ（clumsiness）」を指摘し、特に中枢神経促通のための豊かな身体運動が必要であること、運動の楽しい経験が脳の機能を活性化すること、遊びの要素により家庭や教育の現場での継続実践が可能であること等を強調し、発達障がい児の身体運動面の支援におけるムーブメント教育の有効性を論じている（小林, 2001；小林・是枝, 2005）。

　また、2008年の指導要領改訂では、「個別の教育支援計画」が義務化され、地域の関係機関や家族が連携するためのツールとして実効性のあるアセスメントが求められたが、ムーブメント教育においては、既に、1985年に独自のアセスメント「MEPA（Movement Education Program Assessment）」が開発されており（改訂版のMEPA-Rが2005年に出版）、加えて、活用のためのガイドもあり（小林ら, 1986；小林ら, 2006）、あらためて関心が高まった。それは、MEPAが、目標・計画を立案し、実施し、評価する、PDCAサイクルによる循環型の支援のあり方に対応できるシステムであること、また、検定者を専門家に限定せず、現場の支援者や家族の参加を前提とし、誰でもが日常生活や遊びの中で自然に確認できる内容となっていること、発達を総合的にとらえ、長所を活かす視点を提示していること等、今日、日本の特別支援教育において求められている「地域との連携」や「家族支援」の実践に向けて必要な要素を既に備えているアセスメントツールであったからである。

　さらに、伊藤ら（2008）は、不器用さを示す子どもは、身体運動面においてだけでなく、生活行動面、心理面においても支援が必要であり、ムーブメント教育のような遊び活動や楽しい軽運動の中で自然と友だちとのつながりやコミュニケーションを体験することが必要であると論じている。また、原田・小林（2008）は、ムーブメント活動を行った児童を対象に気分調査の結果をもとに、「こころの育ち」を支えるムーブメント教育の可能性について言及した。さらに、学習面の支援においてもムーブメント教育が活用されており、既に、ムーブメント教育

の理論を特別支援教育の教科学習に適用させた実践が多数報告されている（根立ら, 2008；小林・横浜国立附属特別支援学校, 2010）。机上での学習では集中しにくい LD（Learning Disabilities）の子どもたちが楽しく学習に取り組むためには、「仕掛け」づくり、環境づくりにムーブメント教育の活用が効果的であることが示されている。

　また、発達障がい児支援の中でも近年特に重視されている親支援、家族支援についても、ムーブメント教育においては、元来より家族参加を前提とする考え方が根底にあり、家族が楽しく参加できる方法論が充実している（小林・飯村, 2006）。楽しく受容的な遊びの場の体験を通して、家庭での遊びのメニューが豊富になり家族で楽しむ機会が増えたり、親自身にポジティブな変容が生まれたりして、親のQOL（quality of life）の向上や子育て充足感の増加につながっているという報告がなされ、そのような親の変化が子どもの発達にも影響を与えると考えられている（藤井ら, 2007；阿部, 2009a）。

　保育所・幼稚園では、ムーブメント教育が遊びを基軸とする活動であることから、保育者らの経験と実績を活かしながら、無理なく発達障がい児や「気になる子ども」への専門的な対応を可能にする具体的な実践として期待されている。阿部（2009b）は、統合保育におけるムーブメント教育の可能性を探ることを目的に、ムーブメント教育による研修に参加した保育者や指導員らを対象にした期待される効果についてアンケート調査を行った。その結果、療育関係者は、発達の促進に重点を置きつつ、活動の楽しさや子どもの実態への柔軟な対応が可能であることに着目し、統合保育に携る保育者らは、発達障がい児や「気になる子ども」の社会性や情緒、活動参加意欲の問題に対応できる点に着目し、特に、本人だけでなく周りの子どもに及ぼす効果や異年齢間で実施できる点に期待をしているとまとめている。

　また、現場の要望を受け現職の教師や保育者等を対象にした研修プログラムも盛んに行われており、参加者の意識調査等からムーブメント活動を通して支援者自身の幸福感が高まることも示唆されている（阿部, 2011）。小林ら（2011）は、ムーブメント法による障がい児保育を行ってきた園を対象に遊具やアセスメントの活用の実態を分析し、インクルーシブ保育の実現に結びつく可能性について論じている。さらに、保育者の専門性を活かし、保育所を核とした地域子育て支援・障がい児早期支援の実施とネットワークの構築に向けて、福井県の「たけの

こムーブメント教室」(竹内,2012) の取り組みをモデルとした検討もなされている (飯村ら,2012)。

2011年の日本特殊教育学会第48回大会では、「発達障害児へのムーブメント教育による支援——その現状と今後の展望を考える」と題した自主シンポジウムが企画され、特別支援教育の現場や地域支援における実践報告をもとに、子どもと環境の好循環による発達支援のあり方について議論された。全体討議からは、ムーブメント教育独自のアセスメントである MEPA への注目が高いことも確認された (飯村ら,2011)。さらに、大橋 (2014) は、「身体性」「発達性」「環境性」「関係性」「遊び性」の5つの視点から発達障がい児支援におけるムーブメント教育の効用について論じた。また、ムーブメント教育による発達障がい児支援の理論と方法の集大成として、各現場における豊富な実践事例を含んだ『発達障がい児支援の育成・支援とムーブメント教育』(小林・大橋・飯村,2014) が出版された。

1.2 「創造的身体表現遊び」の名称と研究の目的

前節で述べたような背景の中で、筆者は一貫して障がい児を対象としたダンスの活用に関する実践研究に取り組んできた。最初は、ダンス・セラピーを対象としたが (大橋,1998；2000；2001a)、文化差の問題や子どもを対象とした実践例の少なさ等から、近接領域まで対象を広げてその適用性について検討する必要性を見いだした (大橋,2001b)。文献調査や現地調査により様々な教育実践を比較検討した結果、ムーブメント教育に注目し、2002年より、知的障害、ダウン症、自閉症、アスペルガー症候群、広汎性発達障害等の子どもたちを対象とした親子教室の実践にかかわるようになった (大橋ら,2003)。継続的に障がい児を対象としたムーブメント活動を実践する中で、ダンスや身体表現の要素を活かしたムーブメントプログラムの開発を試み (大橋,2001c；2005；2006；2008)、特に、ムーブメント教育の中でも「創造的ムーブメント (クリエイティブ・ムーブメント)」(大橋,2011) を理論的基盤として展開してきた。そして、障がい児を取り巻く状況が大きく変化する中で、次第に、「発達障がい児」と呼ばれる子どもたちの参加が増え、対応を求められるようになってきたのである。

本稿は、このような経緯によって積み重ねてきた筆者自身の実践活動をもとにした研究である。具体的には、まず、ムーブメント教育 (特に創造的ムーブメン

ト）と身体表現活動をベースにして展開してきた自らの実践活動を新たに「創造的身体表現遊び」と名づけ、関連する先行研究の文献調査と実践活動の記録分析を通して、その特徴を明らかにし、発達障がい児支援における「創造的身体表現遊び」の理論構築を試みることを目的とする。

1.3　本稿の構成

図1-1は、本稿の枠組みを示している。本稿は、6章で構成する。

本章では、序論として、本研究の動機との研究経緯、研究の背景について整理した上で、目的、そして、本稿の構成について述べている。続いて、本研究における用語の整理を行う。

第2章では、まず、筆者が実践してきた60のプログラムの記録を対象に分析を行い、さらに、発達障がい児の母親による自由記述をもとに、「創造的身体表現遊び」に参加した発達障がい児の変化の様相を明らかにする。それらをもとに、発達障がい児支援における「創造的身体表現遊び」の可能性として仮説を設定する。

続いて、第2章で設定した3つの仮説に対して、第3章、第4章、第5章において、プログラムに継続的に参加した自閉症スペクトラム障がい児を対象に検証を試みる。

第3章では、「創造的身体表現遊び」における自閉症スペクトラム児の身体運動能力の拡大について、特に空間関係把握に関する能力に着目して分析を行う。

第4章では、自閉症スペクトラム障がい児の他者との相互作用に着目した分析から、コミュニケーション支援における「創造的身体表現遊び」の特徴と効果を明らかにする。

第5章では、自尊感情を支える「創造的身体表現遊び」の構造と機能について、自尊感情の定義や適用する尺度について調査し、それらをもとに自閉症スペクトラム障がい児の自尊感情傾向と関連する場面の分析を行う。

第6章では、総括として、各章のまとめと総合的考察を行い、最後に、今後の課題と展望について論じる。

発達障がい児を育む「創造的身体表現遊び」の実証的研究

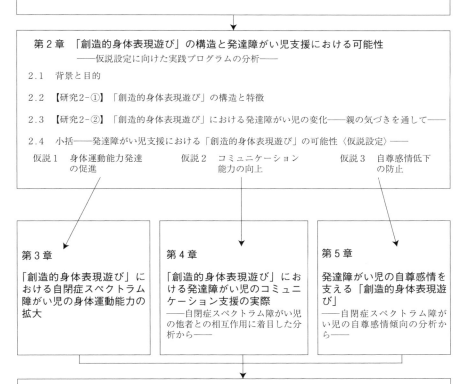

図1-1　本稿の構成

1.4 用語の整理

1.4.1 「障害」と「障がい児」の表記について

「障害」の「害」の文字は、「害悪」「公害」「危害」等マイナスのイメージが強く、「障碍」、「障がい」、「しょうがい」といった別の表記の使用を求める意見があり、以前から様々な議論が重ねられてきた（熊田, 2002；栗田・楠, 2010）。最近では、地方自治体において、当事者への配慮や人権尊重を掲げ、独自に作成・発行する公文書や広報などの中で、「障がい」の表記に変更する動きが急増しているが、現在、統一された表記とはなっていない。

国においては、継続した検討が行われており、内閣府の作業チームによる「『障害』の表記に関する検討結果について（2010年（平成22年）11月22日付）」によれば、「様々な主体が、それぞれの考えに基づき、『障害』について様々な表記を用いており、法令等における『障害』の表記について、現時点において新たに特定のものに決定することは困難であると言わざるを得ない。法令等における『障害』の表記については、当面、現状の『障害』を用いることとし、今後、制度改革の集中期間内を目途に一定の結論を得ることを目指すべきである」との報告がなされている。

また、問題があるのは「障害」という用語ではなく、「障害児（者）」という表記の方であるとの論もあり、障害がその人の属性として固定しているかのようなイメージとなることから、「障害をもつ子ども（人）」あるいは「障害の（が）ある子ども（人）」という表記を用いる動きもある。

筆者自身は、障がい者を取り巻く環境の改善には、表記の変更のみでは不十分であり、表記の議論の背景にある偏見や差別の存在を認識し、彼らを「障害者」たらしめている「障害」が改善される社会の実現に向けた取り組みが必要であると考えてきた。よって、表記の変更だけでは根本的な解決には至らず、表記だけを見直すことに積極的な意味を見いだすことはできないという考えから、これまで「障害」という表記を用いてきた。しかし、直接にかかわってきた子ども一人ひとりを想うと、彼らを束ねて『障害児』と表すことにはどうしても違和感があり、人を指す言葉に「害」という字を用いることには抵抗感を持ち続けてきたのも事実である。彼らとのかかわりの中で、常に「障害」とは何かを問い続けなが

ら、表記については、上述のような様々な議論に触れる度に、揺れ動いてきたというのが正直なところである。

本稿内の使用についても迷ったが、十年以上の年月に渡り、共に遊びの場を創ってきた子どもたち一人ひとりの存在が新たな問いに導いてくれているように感じており、現場で得てきた実感に重点を置いて価値ある知見を提示することを目指して、人を指す場合に限り、「障がい児」、「障がい者」と「害」という漢字の使用を避けひらがな表記に統一して使い分け論を進めていくこととする。その他については、「障害」の表記を用いる。ただし、法令、条例、規則や固有名称等の表記、また、先行研究の引用部については、元の表記をそのままに用いることとする。

1.4.2 「発達障害」の定義

(1) 「発達障害」の定義と概念をめぐる議論の整理

日本における「発達障害」への政策的応答の代表的なものとしては、2004年12月制定の「発達障害者支援法（2005年4月施行）」がまず挙げられる。これらの「発達障害」に関する対象については、「自閉症、アスペルガー症候群その他の広汎性発達障害、学習障害、注意欠陥多動性障害その他これに類する脳機能の障害であってその症状が通常低年齢において発現するものとして政令で定めるもの」（発達障害者支援法第二条）としている。これにより、特に教育の分野においては、「発達障害」を「自閉症、アスペルガー症候群その他広汎性発達障害（Pervasive Developmental Disorder: PDD）」、「学習障害（Learning Disability: LD）」、「注意欠損多動性障害（Attention Deficit/Hyperactivity Disorder: ADHD）」とするとらえ方が主流となってきた。

日本発達障害学会では、専門家や臨床家の議論を経て、「発達障害」を知的障害（発達遅滞）を含む包括的な概念としてとらえ、知的障害と同様の支援が必要で、中途障害とは質が異なりより多くの支援が必要、そして、一生涯の支援が必要な状態としている。すなわち、発達障害を知的発達障害、脳性麻痺など生得的な運動発達障害（身体障害）、自閉症やアスペルガー症候群を含む広汎性発達障害、注意欠陥多動性障害（多動性障害）およびその関連障害、学習障害、発達性協調運動障害、発達性言語障害、てんかんなどを主体とし、知覚障害、聴覚障害およ

び種々の健康障害（慢性疾患）の発達期に生じる諸問題の一部を含む包括的な概念として定義している（日本発達障害学会, 2008）。

　また、広汎性発達障害（PDD）は、レット障害以外は、障害の質や重さにおいて連続体（スペクトラム）をなしているという観点から、自閉症やアスペルガー症候群という個々の独立したものではなく、広い連続体（スペクトル）の一部としてとらえる考え方により、「自閉症スペクトラム（Autism Spectrum Disorders: ASD）」という概念が提唱されている。2013年4月に発表されたDSM-5（アメリカ精神医学会（APA）による「精神障害の統計・診断マニュアル」（Diagnostic and Statistical Manual of Mental Disorders）第5版）における改訂では、広汎性発達障害（PDD）の用語がなくなり、この自閉症スペクトラム障害（ASD）として、単一障害とするとの大きな変更が加えられた（太田, 2012）。

（2）本研究における「発達障害」のとらえ方

　本研究における発達障害の定義と概念については、上記のうち、臨床現場において包括的にとらえられてきた発達障害の概念を用いる。すなわち、発達障害とは、発達面で様々な困難を抱える状態像を表す包括的な概念ととらえる。

　「発達凸凹」や「発達のかたより」という言葉で表現されているように、本来、発達障害と定型発達の明確な線引きは難しく、連続的なものである。特に、低年齢の場合は、医療的な診断のない「リスク児」と呼ばれる子どもも多いが、診断の有無にかかわらず同様に適切な支援が必要である。また、いくつかの特性を併せ持っている場合も多い。

　さらに、発達障害の特性とされる問題行動は、経年によって状態像は変化しやすく、その特性を「障害ととらえるべきか、個性ととらえるべきか」解りづらい点も多い。また、家庭、保育や教育の現場で、「気になる子」や「困らせる子」と称される発達障がい児の周囲には、その子の言動を気にしたり困らせると感じたりする周囲の人間がおり、相手や環境が違えば状態が変化することも多く、相互的な関係性を考慮した支援が求められている。

　よって、本研究においては、法制度や治療行為の場面で限定的に用いられる狭い概念の枠を越えて、発達障害を広くとらえ、「知的発達障害、脳性麻痺など生得的な運動発達障害（身体障害）、自閉症やアスペルガー症候群を含む広汎性発達障害、注意欠陥多動性障害（多動性障害）およびその関連障害、学習障害、発

達性協調運動障害、発達性言語障害、てんかんなどを主体とし、知覚障害、聴覚障害および種々の健康障害（慢性疾患）の発達期に生じる諸問題の一部を含む包括的な概念」として定義して用いる。

1.4.3 「創造的身体表現遊び」について

本稿において、「創造的身体表現遊び」は、筆者が新たに提示する独自の概念の呼称として用いる。類似する表記としては、主に保育現場における身体表現や身体表現をもとにした遊び活動について、「創造的身体表現」（片山ら, 2000；高野, 2012）、「身体表現遊び」（古市, 1999；高野, 2009；遠藤ら, 2009；青木ら, 2011；平野, 2012）、「身体表現あそび」（鈴木ら, 2002；本山・平野, 2011；多胡, 2008）の用語の使用がみられる。これらの先行研究は理論構築の基盤として概念整理の参考とはするが、「創造的身体表現遊び」は、ムーブメント教育と身体表現活動を合わせた筆者独自の実践法を指す用語としてこれらと区別する。そのため、本文中は常に「　」をつけて表記することとする。

さらに、筆者自身のこれまでのムーブメント教育の取り組みにおいて、身体表現の要素を活かしたプログラムの一部分を「ダンスムーブメント」（大橋, 2008）と呼んできたが、「創造的身体表現遊び」は、それとは違い、ムーブメント教育を第一の基盤として置いた上で、第二の基盤として身体表現の要素を重ね、ムーブメント教育を強化するという考え方に基づいており、区別して用いる。

また、これ以降、表現運動、舞踊等を含んだ用語として、統一して「ダンス」を用いる。ただし、先行研究の文献名、引用部については、元の表記をそのままに用いることとする。

1.4.4 「ムーブメント教育」について

「ムーブメント教育（Movement Education）」は、「ムーブメント教育・療法（Movement Education and Therapy）」と表記される場合もあるが、本稿では、「ムーブメント教育」に統一する。

また、アメリカの体育におけるムーブメント教育の流れについて文献調査を行った松本（2006）によれば、ムーブメント教育の概念は幅広く、概念の示す範囲

が文献によって大きく異なっている。本稿における「ムーブメント教育」は、Frostig, M.が1970年にその著書により提唱し、さらに小林芳文らによって日本に普及した小林-Frostigによる「ムーブメント教育」と限定してとらえ、その方法論を受け展開されている一連の活動を対象に論を進めていくこととする。他に、日本国内に紹介されている活動に、「Sherborne Developmental Movement（シェルボーンのムーブメント）」(Sherborne, 1990) があるが本稿では研究対象としない。

（註）本章では、大橋さつき（2014）The Effectiveness of Movement Education in Supporting Children with Developmental Disorders, 和光大学現代人間学部紀要（7），157-176. と、小林芳文・大橋さつき・飯村敦子（2014）発達障がい児の育成支援とムーブメント教育、大修館書店、1-244. 及び、大橋さつき（2001）共生教育におけるアダプテッド・ダンスの役割、舞踊学（24），32-37. で発表された内容を一部修正して活用した。

第 2 章 「創造的身体表現遊び」の構造と発達障がい児支援における可能性
―― 仮説設定に向けた実践プログラムの分析 ――

2.1 背景と目的

　筆者は、2002年より、知的障害、ダウン症、自閉症、アスペルガー症候群、広汎性発達障害等の子どもたちを対象とした親子ムーブメント教室の実践を展開し（大橋ら, 2003）、家族支援を目指した親子ムーブメント教室におけるダンスムーブメントの活用（大橋, 2005）や動作模倣の獲得を目指した自閉症児の個別プログラム（大橋, 2006）について実践研究を行った。さらに、Frostig 理論における「創造的ムーブメント（クリエイティブ・ムーブメント）を基盤とし、テーマやイメージを共有しながらダンスや身体表現の要素を活かした創造的なムーブメントプログラムの開発と体系化を試みてきた（大橋, 2008；2011）。また、大学と地域連携の企画として、学生たちや地域の親子と共に遊びの場を共に創る活動を展開し、継続的に発達障がい児の親子を含んだインクルーシブな遊び活動を実践してきた。これらの実践においては、サブスタッフとして参加した大学生たちによる影響が大きく、彼らの存在は魅力的な遊び環境として活動の発展を支えてきた（小林・大橋, 2010；2015）（写真 2-1）。

　本研究においては、このような実践の積み重ねの中で生まれた独自の活動を「小林-Frostig によるムーブメント教育（特に創造的ムーブメント）を基盤に、身体表現活動の要素を重ねて強化したもの」ととらえ、独自に「創造的身体表現遊び」と名付け、分析の対象とした。

　本章では、まず、実施したプログラムの記録をもとに、「創造的身体表現遊び」の構造と特徴についてまとめる（【研究 2-①】）。続いて、参加した母親の気づきをもとに「創造的身体表現遊び」における発達障がい児の変化について明らかにする（【研究 2-②】）。さらに、これらをもとに、発達障がい児支援における「創造的身体表現遊び」の可能性について、仮説を設定する。

写真2-1　学生たちの身体を活用した人間サーキットプログラムの様子

2.2　【研究2-①】「創造的身体表現遊び」の構造と特徴

2.2.1　方法

　本研究では、筆者自身がリーダーまたは監修としてかかわった親子遊びの実践プログラムのうち、ムーブメント教育と身体表現の要素を融合した新たな活動の特徴が見え始めた20XX年1月以降、6年10ヶ月間に実施された集団における実践プログラムのうち、ASD（自閉症スペクトラム）児やADHD（注意欠損多動性障害）などの発達障がい児やその傾向がある子どもたちが含まれた実践で、かつ、記録が十分な60のプログラムを対象とした。なお、実施した月日から対象が特定されないよう工夫するため、西暦を20XX年とし、一年後を20XX＋1年と表記する。

　対象となる実践は、大学や地域の児童館型施設、保育所、特別支援校等で実施されたもので、実施の規模は様々ではあるが、ムーブメント教育をもとにした発達支援であることを掲げて実施し、対象を障がい児だけに限定しないインクルーシブな活動として展開したものである。また、親子（家族）での参加を原則とした。

　なお、2008年に出版された著書（大橋, 2008）では、これらの一部をダンスムーブメントの応用的展開として「ドラマムーブメント」と題して既に紹介しているが、本研究においては、あらためて「創造的身体表現遊び」として分析の対象とする。

　実践したプログラム内容の分析においては、以下の方法で得た情報を収集し、

それらを統合して取り扱った。

（ⅰ）参与観察の集約：筆者自身が活動にかかわりながら、フィールドノーツを作成し、活動の記録、また前後の親との対話における記録をまとめた。さらに、活動の前後に行われるスタッフミーティングにおいては、他のリーダーやスタッフが、各々が「現場」で「かかわりながら」得た個々の情報を重視し、それらの共有を目指し、意見交換を繰り返し行ってきた。ここでの報告や議論の内容も記録として活用した。

（ⅱ）映像資料の分析：参加者の許可を得て、撮影したビデオ、写真のデータを分析の対象とする。

（ⅲ）コミュニケーション・シートの活用：研究の対象となる活動においては、個別の家族支援の充実を図り、独自に開発した「コミュニケーション・シート」（大橋ら, 2003）を活用した。これらに残された、対象児の活動に関する記録、親の意見・感想も分析の対象とした。

2.2.2　結果と考察

2.2.2.1　実施プログラムの概要

プログラムの実施月、タイトル・テーマ、活動場所は表2-1-1、2-1-2、2-1-3の通りである。同じプログラムを繰り返し実施している場合には、初回のみを提示した。

(1) 参加者の発達レベルと規模

公募や通知を受けて参加を希望した親子とリーダーの他、学生や保育士等の研修スタッフで構成された。特に障がい児を限定とした療育活動としてではなく、ムーブメント教育による発達支援や子育て支援として実施されたので、各回においては、それぞれ割合が異なるが、発達障がい児やリスク児と健常児の親子が共に含まれている。プログラムの発達段階は、ムーブメント教育・療法プログラムアセスメント MEPA-R（小林, 2005）による第3ステージ（13～18ヶ月）から第7ステージ（61～72ヶ月）の発達レベルを取り扱った。健常児の参加は主に就学前の子どもたちであり、発達障がい児の場合は、小学校中学年までの参加があった。

表 2-1-1　「創造的身体表現遊び」

番号	年　月	タイトル・テーマ	活動場所
1	20XX年1月	桃太郎になって鬼退治に行こう！	大学体育館・サブアリーナ
2	20XX年5月	端午の節句	大学体育館・サブアリーナ
3	20XX年6月	童謡 あめふりくまのこ	大学体育館・サブアリーナ
4	20XX年7月	夏祭り	大学体育館・メインアリーナ
5	20XX年10月	タオルで運動会	大学体育館・サブアリーナ
6	20XX年10月	ハロウィン	大学体育館・メインアリーナ
7	20XX年11月	トトロの森へ遠足に行こう！	大学体育館・サブアリーナ
8	20XX年12月	クリスマス	大学体育館・ダンス室
9	20XX+1年1月	雪の世界に春を呼ぼう	大学体育館・サブアリーナ
10	20XX+1年5月	赤ずきん	大学体育館・サブアリーナ
11	20XX+1年6月	大きなかぶ	大学体育館・サブアリーナ
12	20XX+1年7月	七夕 〜七つの星座巡り〜	大学体育館・メインアリーナ
13	20XX+1年9月	孫悟空	大学体育館・サブアリーナ
14	20XX+1年10月	7匹の子やぎ	大学体育館・サブアリーナ
15	20XX+1年11月	ジャックと豆の木	大学体育館・サブアリーナ
16	20XX+1年12月	手袋を買いに	大学体育館・ダンス室
17	20XX+2年1月	ブレーメンの音楽隊	大学体育館・サブアリーナ
18	20XX+2年3月	一緒につくろう！みんなのパフォーマンス「花」	市民会館・会議室
19	20XX+2年5月	お魚になって遊ぼう！	大学体育館・サブアリーナ
20	20XX+2年6月	てるてるぼうずになって遊ぼう	大学体育館・サブアリーナ

注：※1 規模の基準　参加親子10組未満：小、10〜29組：中、30組以上：大
　　※2 参加親子の総組数（その中に含まれる発達障がい児及びリスク児の数）

実践プログラム一覧（1／3）

規模 ※1	参加親子組数（発達障がい児）※2	設定	テーマの分類／基本遊具以外の素材／その他の特徴
小	5 (4)	一体型＋サーキット	童話／桃太郎の陣羽織とはちまき
小	5 (4)	一体型＋サーキット	季節行事／こいのぼりに布団をつめた丸太型遊具・新聞紙のかぶと／20XX年＋7年5月再実施
小	5 (4)	サーキット	童謡「あめふりくまのこ」／歌詞にそったパネルシアター
大	31 (5)	出店型	季節行事／人間ボーリング頭巾他出店のイメージで多数・うちわ／20XX＋7年7月再実施
小	6 (4)	一体型	季節行事／タオル
小	5 (4)	サーキット	季節行事・空想／風船・ビニル袋・タオル／20XX＋3、＋5年10月再実施
小	7 (5)	一体型＋サーキット	アニメ・主題歌「さんぽ」／蜘蛛の巣トンネル・トトロユランコ等
小	5 (4)	サーキット	季節行事／雪だるまとサンタさんに会いにいくストーリー
小	6 (4)	サーキット	季節行事／布で真っ白に覆った部屋にペイントしていく
小	7 (4)	サーキット	童話／オオカミのかぶりもの／強化課題：操作性、役割交代の課題が特徴
小	7 (5)	一体型	童話／強化課題：社会性
大	33 (10)	出店型＋一体型	季節行事／星座にちなんだ7つのブースでプログラムを同時進行
小	5 (4)	一体型	童話／強化課題：空間意識
小	6 (4)	一体型	童話／強化課題：数の概念
小	8 (5)	サーキット	童話／強化課題：移動
小	8 (5)	サーキット	童話／強化課題：左右の概念、方向性
小	8 (5)	一体型	童話／打楽器・手作り楽器等、部屋に設置された鏡／強化課題：協応性とリズム
大	30 (10)	一体型	生き物や自然・空想／チューブ・香付ビニールパラシュート
小	5 (4)	サーキット	生き物や自然
小	7 (5)	一体型＋サーキット	季節行事・空想／紙・新聞紙

表2-1-2 「創造的身体表現遊び」

番号	年　月	タイトル・テーマ	活動場所
21	20XX+2年7月	海賊になって遊ぼう！	大学体育館・メインアリーナ
22	20XX+2年9月	タオルで遊ぼう！「親子の魔法使い」	公民館等
23	20XX+2年10月	おだんごになって遊ぼう！	大学体育館・ダンス室
24	20XX+2年10月	森の仲間たちになって遊ぼう！	大学体育館・サブアリーナ
25	20XX+2年11月	やきいもになって遊ぼう！	大学体育館・サブアリーナ
26	20XX+2年12月	ペンギンになって遊ぼう！	大学体育館・サブアリーナ
27	20XX+3年1月	たんぽぽになって遊ぼう！	大学体育館・ダンス室
28	20XX+3年2月	わたげちゃん「水の冒険」	室内温水プール
29	20XX+3年3月	わたげちゃん「光の冒険」	劇場ホール
30	20XX+3年8月	お天気で遊ぼう！	小学校・体育館
31	20XX+3年9月	どんぐりになって遊ぼう！	児童館
32	20XX+3年11月	紅葉を楽しもう！	児童館
33	20XX+3年11月	あわてんぼうすぎるサンタクロース	大学コンベンションホール
34	20XX+4年1月	お正月を楽しもう！	児童館
35	20XX+4年1月	さがそう！つくろう！自分だけのたからものポンチョ	大学体育館・ダンス室／サブアリーナ
36	20XX+4年2月	雪の世界を楽しもう！	児童館
37	20XX+4年3月	光の世界を楽しもう！	大学体育館・ダンス室
38	20XX+4年6月	おさるさんになって遊ぼう！	大学体育館・メインアリーナ
39	20XX+4年7月	With Shine 〜ぼくらが彩るにじいろ世界	大学体育館・ダンス室
40	20XX+4年10月	葉っぱのフレディの世界を創ろう！	大学コンベンションホール

注：※1 規模の基準　参加親子10組未満：小、10〜29組：中、30組以上：大
　　※2 参加親子の総組数（その中に含まれる発達障がい児及びリスク児の数）

実践プログラム一覧（2／3）

規模 ※1	参加親子組数（発達障がい児）※2	設定	テーマの分類／基本遊具以外の素材／その他の特徴
大	34（8）	出店型＋一体型	空想／段ボール大砲他多数・手ぬぐい
中	18（3）	一体型	空想／タオル／3ヶ月にわたり、地域子育て事業として13箇所で開催
小	5（4）	一体型	季節行事・空想／照明機材・すすき
小	6（4）	サーキット	生き物や自然・空想／
小	6（4）	一体型	季節行事・空想／
小	7（4）	サーキット	生き物や自然／オーロラの演出に使う照明機材
小	7（5）	サーキット	生き物や自然／照明機材
中	20（8）	一体型＋サーキット	生き物や自然・空想／プール用浮島・浮き棒
中	25（6）	一体型	生き物や自然・空想／音響・照明機材・綿毛
中	18（3）	一体型	生き物や自然／20X＋3年10月保育所、20XX＋5年5月児童館にて再実施
中	17（2）	サーキット	生き物や自然・空想／どんぐり帽子
中	18（2）	一体型	生き物や自然／紙／20XX＋6年9月再実施
中	15（4）	サーキット	季節行事
中	20（2）	サーキット	季節行事
中	17（7）	一体型	空想／照明機材・布・ペイント用具
中	19（2）	一体型	季節行事・空想／紙
中	23（2）	一体型	空想／照明機材
大	31（8）	サーキット	生き物や自然・空想／ひも（さるのしっぽ）・新聞紙の石／MEPAサーキット
中	13（5）	一体型	空想／照明機材・セロファン・ビニル傘／造形したものと照明効果を活用した表現遊び
大	30（8）	一体型	絵本／CD音楽／（スカーフのみ）

表 2-1-3 「創造的身体表現遊び」

番号	年 月	タイトル・テーマ	活動場所
41	20XX+4年11月	親子で海底大冒険！	公営スポーツセンター・小体育室
42	20XX+4年12月	みんなでつなごう太鼓のWA！！	大学体育館・ダンス室
43	20XX+5年6月	青空の下で遊ぼう！	大学体育館・メインアリーナ
44	20XX+5年7月	みんなで海に行こう！	保育所
45	20XX+5年7月	夏祭りを楽しもう！	児童館
46	20XX+5年9月	ぼくらの運動会	児童館
47	20XX+5年9月	森の探検	保育所
48	20XX+5年9月	ジャングル大冒険 幻の鳥と宝を探せ！	特別支援学校・多目的ホール
49	20XX+5年10月	宝島探検に行こう！！	乳児院
50	20XX+5年11月	動物の親子になって遊ぼう！	公営スポーツセンター・小体育室
51	20XX+5年12月	お話の世界で遊ぼう！「のせてのせて」	児童館
52	20XX+6年1月	今年の干支！ヘビさんと遊ぼう！	児童館
53	20XX+6年2月	冬を楽しもう！	児童館
54	20XX+6年2月	雪の国にレッツゴー！	保育所
55	20XX+6年3月	春を見つけよう！	児童館
56	20XX+6年6月	カッパさんと遊ぼう！	児童館
57	20XX+6年6月	「三びきやぎのがらがらどん」のお話で遊ぼう！	保育所
58	20XX+6年7月	七夕の世界で遊ぼう	大学体育館・ダンス室
59	20XX+6年11月	親子の忍者になって遊ぼう！	公営スポーツセンター・小体育室
60	20XX+6年11月	秋の果物狩りにでかけよう！	体育館

注：※1 規模の基準　参加親子10組未満：小、10〜29組：中、30組以上：大
　　※2 参加親子の総組数（その中に含まれる発達障がい児及びリスク児の数）

実践プログラム一覧（3／3）

規模 ※1	参加親子組数（発達障がい児）※2	設定	テーマの分類／基本遊具以外の素材／その他の特徴
大	32 (3)	出店型＋サーキット	生き物や自然・空想／20XX＋5年8月特別支援学校・体育館にて再実施
中	14 (2)	一体型	太鼓／和楽器・おかめ・ひょっとこの面／音と身体で表現／20XX＋5年1月に第2弾実施
中	11 (3)	サーキット	生き物や自然／青の布と白い風船／雨の日に青空を演出
中	17 (2)	一体型＋サーキット	生き物や自然／No.41をもとに保育所用にアレンジ
中	19 (2)	サーキット	季節行事
中	24 (2)	サーキット	季節行事
中	20 (3)	サーキット	生き物や自然／風船
中	14 (8)	出店＋サーキット	空想／宝の地図用パズル／20XX＋5年11月大学体育館・グランドにて再実施
中	16 (5)	出店＋サーキット	空想／紙で作った花や魚、首飾り
大	35 (2)	出店＋サーキット	生き物や自然／大型遊具
中	22 (2)	一体型	絵本「のせてのせて」
中	24 (2)	一体型	生き物や自然／風船
中	18 (2)	一体型	季節行事／紙
中	21 (3)	一体型	絵本「ゆきのひ」・季節行事／紙・白いビニール袋
中	20 (2)	一体型	季節行事・生き物や自然／紙
中	17 (2)	一体型	生き物や自然／霧吹き／新聞紙と風船
中	15 (3)	一体型	絵本「三びきやぎのがらがらどん」
中	18 (2)	一体型	空想／照明機材
大	33 (3)	出店＋サーキット	空想／風呂敷／大型遊具
中	16 (2)	一体型＋サーキット	季節自然

参加人数においては、10組未満のものを小規模、10〜29組を中規模、30組規模以上のものを大規模と分類したところ、全60プログラム中、小規模が22回、中規模が29回、大規模が9回実施された。

(2) プログラムテーマの分類
直接プログラムのテーマになったものは、以下の4つに分類された。

① 「童話・絵本や童謡」：童話や絵本の世界観、ストーリー性のある童謡等をもとにしたもの。
② 「季節行事」：春夏秋冬の四季や夏祭りや運動会、お月見、クリスマスなどの年中行事をもとにしたもの。
③ 「生き物や自然」：動物等の生き物や植物、天気等自然現象をもとにしたもの。
④ 「空想」：架空のストーリーや登場人物、場面設定等独自に考案されたもの。

①〜④の複数の分類の要素を併せ持つ場合もあった。例えば、③「生き物や自然」で「たんぽぽ」を取り上げ、そこに、④「空想」の要素を強めて、子どもたちが「たんぽぽのわたげ」になって冒険に出る、大人たちは「風」になって一緒に遊ぶという独自の設定とストーリー展開をもとにしたプログラム等がある。

(3) 活用した遊具や設備等
活動を支える遊具については、ムーブメント遊具各種、体操用のフープ、オーガンジーパラシュート（透ける柔らかい円形の大きな布）、カラーボール、トランポリンを共通して使用する基本遊具とし、それ以外に使用したものについては備考欄に記した。身近なものの活用としては、新聞紙、タオルが最も多く、その他、風船や段ボール、手ぬぐい、テーマに合わせた布製や紙製の製作物などが活用された。また、「太鼓」をはじめ打楽器等も活用した。

活動場所に特有の設備等としては、大学体育館のダンス室や劇場ホールで実施した際の「照明機材」や「室内プール」がある（写真2-2、2-3）。

2.2.2.2 基本的な流れと設定ムーブメントの型
(1) 活動の基本的な流れ
活動は、表2-2に示すような基本的な流れと時間配分で活動を実施した。発

写真2-2　照明機材の環境を活かしたプログラムの様子

写真2-3　室内プールの環境を活かしたプログラムの様子

達段階を考慮して設定された設定ムーブメントを様々な遊具を活用して行う中で、個別の対応を目指したプログラムを実施した。

基本的な流れにおける各活動は次のとおりである。

①フリームーブメント

　子どもたちが活動の場に慣れ、好きな遊具で自由に遊ぶことができる時間で、参加者が互いに環境に慣れるための取り組みとして設置している。

表2-2 活動の基本的な流れ

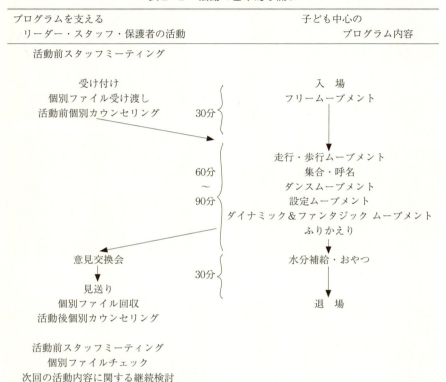

②走行・歩行ムーブメント

基本的な身体の動きの活動の中で前や後ろの方向性を高めたり、ゆっくり速くなどの時間の概念を刺激したりする。ウサギや小鳥、怪獣のように歩くなど、模倣や創造性を刺激する課題へ発展させることも毎回行った。

③集合・呼名

歌に合わせ子どもの名前を呼び返事をしてもらい、一人一人の存在を認め合う場面として重視した（写真2-4）。

第 2 章 「創造的身体表現遊び」の構造と発達障がい児支援における可能性　33

写真 2-4　お名前呼び（呼名）の様子

写真 2-5　ダンスムーブメント「あたまあたま」

写真 2-6　ダンスムーブメント「ゆらゆら」

④ダンスムーブメント

　音楽に合わせ、集団でダンスを楽しむ活動で場の一体感を深めながら、身体意識、協応性、模倣力を育む。身体部位の確認・基本の動きや模倣の課題・リズムの共有・他者とのかかわりを重視した「あたま・あたま」（写真 2-5）「ゆらゆら」（写真 2-6）「ぐっぱー」（写真 2-7）の活動（大橋，2008）を中心とする。

写真2-7　ダンスムーブメント「ぐっぱー」

写真2-8　パラシュート遊具を活用したダイナミックな活動の様子

⑤設定プログラム

　テーマに合わせ、集団の活動を展開していくメインの展開で、一人ひとりの発達段階に合わせて、創造性、操作、移動、調整力、模倣、社会性などの様々な達成課題が織り込まれたプログラムを実施できるよう工夫された。

⑥ダイナミック及びファンタジックなムーブメント（パラシュートムーブメント）
　ムーブメント遊具のパラシュートを使った活動を終盤に行う（写真2-8）。

写真2-9　ふりかえりの活動

⑦ふりかえり(エンディング)

みんなの楽しかった想いや気持ちをことばや絵で表現し共有するための時間として設置した。紙芝居や絵本で活動をふりかえったり、大きな紙にみんなで絵や文字を書いて、感じたことを残したりする工夫をした(写真2-9)。

(2) 設定プログラムで取り入れた活動形態

活動の中盤に実施された設定プログラムについては、内容や空間の使用の特徴から、基本的に以下の3つの型に分類された。

①一体型

空間を大きく一つにまとめて使い、全員が同時に同じ活動に取り組む型で、一体感が生まれやすい。全員で大きな円座になって実施したり、親子のペアや小グループが各々のペースで展開していたりするプログラムを指す。例えば、輪になって一本のロープを持って動いたり、親子でタオルのキャッチボールを楽しんだりしている状態である(図2-1)。

②サーキット型

活動の始まり(スタート)と終わり(ゴール)を設定し、子どもが一人ずつ(親子で一組ずつ)実施する型。一人ひとりの発達段階やニーズに対応して、コースを複数用意したり、課題のレベルを変更したりすることが可能で個別の対応がとりやすい。一方、人数が多いとその分時間がかかり、待ち時間が多くなる恐れも

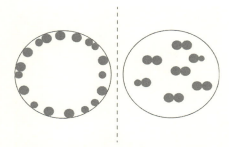

図2-1 「創造的身体表現遊び」の展開①
　　　一体型のモデル

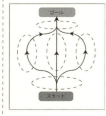

図2-2 「創造的身体表現遊び」の展開②
　　　サーキット型のモデル

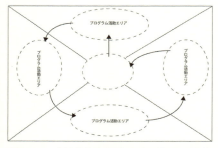

図2-3 「創造的身体表現遊び」の展開③
　　　出店型のモデル

ある（図2-2）。

③出店型

　お祭りの出店を巡るように、活動場所を複数のエリアに分け、そのエリアで各々のプログラムが実施され、参加者がエリアを回りながら体験していく型。参加人数が多い場合、同時進行で様々なプログラムを実施できるのが長所であるが、スタッフの数も設置するエリアの数だけ必要になってくる（図2-3）。

2.2.2.3　達成課題と用いられる動きの枠組み

(1) ムーブメント教育の達成課題

　「創造的身体表現遊び」においては、Frostigの掲げた4つのムーブメント教育の達成課題　①感覚運動機能を向上させる、②身体意識を向上させる、③時間・空間・その因果関係の意識を向上させる、④心理的諸機能を向上させる　を活動の基盤とし構成されている。それらは、Frostigの発達観に基づいて次のように整理される（図2-4）。すなわち、発達年齢が低い子どもには①感覚運動の向上と②身体意識の向上が中心課題となるプログラムが適しており、3歳ぐらいの発達レベルにある子どもには③時間・空間・その因果関係の形成、4～6歳ぐらいの子どもに

第 2 章 「創造的身体表現遊び」の構造と発達障がい児支援における可能性　37

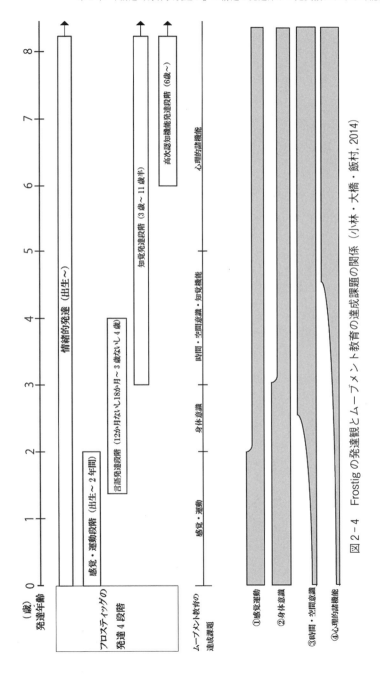

図 2-4　Frostig の発達観とムーブメント教育の達成課題の関係（小林・大橋・飯村, 2014）

は④心理的諸機能を高めるための課題が大きな割合を占めるプログラムを提供するのである。

以下、4つの達成課題について詳しくまとめる。

①感覚運動機能の向上

人間の発達初期において、感覚と運動とは相補的な関係にある。視覚、聴覚、触覚、筋覚などの様々な感覚の育成が言語や認知機能、連合能力(概念化)の発達につながっている。「いろいろな動きを身につける」ことや「動くことを学ぶ」ことは、すなわち感覚運動機能を育んでいくことであり、基本的な課題となる。このための実践方法としては、次のような運動のバリエーションを考え、様々なアプローチからプログラムを組むことが求められる。

(ⅰ) 動きの量による支援：粗大運動、微細運動(手指運動)
(ⅱ) 動きの方向性(エネルギー)による支援：垂直性、水平性、回転性の動き
(ⅲ) 動きの質による支援：安定姿勢運動(座位、四つ這い位、立位、片足立ち等)、移動姿勢(四つ這い移動、つま先歩行、大股歩行、ホップ、ステップ、走行など)、操作性運動
(ⅳ) 動きの属性による支援：協応性とリズム、敏捷性、柔軟性、筋力、速さ、平衡性(静的・動的・物的なバランス)、持久力

②身体意識の形成

ムーブメント教育における身体意識とは、自分自身の身体のイメージを持つということで、心身の発達にとって重要な役割を果たす。身体意識には、自己内の認識とともに周囲への認識も含まれ、自分自身が動くことで外界に触れて周囲を理解し、その経験を通して自己意識や他者意識が育っていく。

ムーブメント教育では、身体意識を以下の「身体像」、「身体図式」、「身体概念」の3つに分けてとらえている。

(ⅰ) 身体像(ボディ・イメージ)

自分の身体について抱く感じやその感じ方、感じられるままの身体のことを身体像(ボディ・イメージ)としている。身体像の発達には、「触感覚遊び」など

による身体表面からの刺激と、骨格筋や腱、関節の動きからくる固有感覚刺激、内臓からの刺激が重要である。

（ⅱ）身体図式（ボディ・シェマ）

　人や物にぶつからずに目的地へ移動したり、自分とおもちゃの位置関係を目で測って手を伸ばしたりするためには、対象物の位置関係を把握する力が必要となる。そのためには、身体図式（ボディ・シェマ）が形成されている必要があり、身体図式には、身体の左右性やラテラリティ（優位性）、方向性に関する能力も含まれる。移動したり、姿勢を確保したり、物体を操作したりする活動や、利き手や位置関係を意識した運動、バランス運動にかかわる体験を通して、身体図式が形成されていく。

（ⅲ）身体概念（ボディ・コンセプト）

　身体の事実や機能についての知識を身体概念（ボディ・コンセプト）と呼び、身体部位の認知や他者との身体の比較による活動を体験したり、身体の機能や働きに関する理解を深めたりする活動と関係する。

③時間・空間意識・その因果関係の形成

　身体意識との関係が深く、その延長線上に位置づけられているものである。ムーブメント教育においては、すべての事象は時間や空間の中で生じ、それらが因果関係を持って知覚されると考えられ、これらの意識は抽象的志向の基礎となる。時間意識を育む活動には、身体のリズム的運動（トランポリンでの律動的運動等）、動きの速さの変化を有するプログラム等がある。音を活用して聴覚を刺激する活動も有効となる。また、空間意識を育むには、登ったり、飛び降りたり、ボールを投げたり受けたり、また、空中にぶら下がっているボールを叩いたりする活動が効果的である。

④心理的諸機能の形成

　心理的諸機能とは、情緒、社会性機能を含め、言語機能、視覚化の機能（ものを見て、それを記憶する機能）、問題解決能力、概念化、連合の諸機能（見たり、聞いたりして動作すること）である。言語機能は、指示を聞いて動作に置き換え

るための受容言語能力が発達し、動きをことばで表すことによってことばを発する表出言能力も助長される。視覚化の機能は、視知覚経験に依存し記憶にとって必須であるばかりでなく、考える力としての思考過程にとっても重要であると考える。

また、問題解決能力は、自発性と意欲に向けた身体運動の中で発達し、可能な限り、子ども自身に挑戦させる運動を設定することが重要である。提示されたものを一方的に行うだけでなく、自ら考えて動くことを重視することで、問題解決の能力が育てる。

連合の機能は、いろいろな感覚器などの能力を同時に行使することで育むことができる。連合の諸過程には以下の3つの方法がある。

（ⅰ）知覚（入力）と運動反応（出力）の連合
視覚－運動の連合（ボール蹴りや島渡り）、聴覚－運動の連合（音楽に合わせて動く）を取り入れた活動。

（ⅱ）2つ以上の感覚器官からの知覚（入力）の連合
音楽の伴奏に合わせて他者と一緒にダンスをしたり、指示の声に合わせてボールをついたりする活動のように、視覚・聴覚・筋感覚的な運動を組み合わせた活動。

（ⅲ）存在する刺激と以前の経験との連合
過去に経験した運動や指示と関係づけるような場面をつくる。例えば、「昨日、みなさんは輪にしたロープを持って円状に座りました。ロープがあると仮定して、今日も同じように座ってみましょう」というような課題を提示する。

(2)「創造的身体表現遊び」におけるムーブメント教育の達成課題の実施率
表2-3は、60の「創造的身体表現遊び」のプログラムで展開された活動内容におけるムーブメント教育の達成課題別の実施率をまとめたものである。実施率については、筆者が、各回のプログラム表と記録内容をもとに、各々の課題が、「強化課題と特に強調して取り入れられている：3点」、「中心的な課題として位置づけられている：2点」、「補助的な課題として位置づけられている：1点」、

「取り入れられていない：0点」で換算し、60回分の合計を出し、満点（180点＝3点×60）に対する割合を算出した。

　これらから、「創造的身体表現遊び」の各プログラムの中にムーブメント教育の各達成課題が低いものでも65.6％の割合で盛り込まれており、高いものでは100％と毎回プログラムに強化課題として盛り込まれていた課題があったことが確認された。感覚運動スキルや身体意識能力、空間意識における達成課題の実施率が高く、基本的な運動課題を偏り無く実施していることがうかがえる。特に、姿勢や移動、リズム、身体図式の達成課題は、毎回基本的な活動として実施してきた、ダンスムーブメントや走行・歩行ムーブメントの活動に取り入れていたため100％の実施となっている。同時に、創造性や問題解決能力、自己表現などの高次の認知諸機能や社会性の達成課題も実施率が100％となっている。感覚運動や身体意識能力にかかわる基本的な運動課題を取り入れながら、高度な認知や情緒を刺激する表現活動も組み入れることが可能となっており、「創造的身体表現遊び」の特徴ととらえることができる。

　Frostigは、「効果的なムーブメント教育のプログラムは、すべての筋肉とすべての運動の属性を含んでいる構造化された運動を提供しなければならない」、しかし、「構造化されあらかじめ決められた運動だけでは、子どもの創造性を窒息させやすく、子どもから喜びを奪い、感情と社会的意識の教育を無視することにつながる」と主張している（Frostig／小林（訳），2007; pp. 60-61）。一方、運動の属性等に関する取り組みを除外して創造的な要素だけを強調することを禁じている（Frostig／小林（訳），2007; p. 169, p. 177）。すなわち、Frostigは、効果的なムーブメントプログラムには、発達段階に合わせて構造化された運動課題と創造的な取り組みの両方が必要であると論じており、「創造的身体表現遊び」は、Frostigの言う「効果的なムーブメントプログラム」として適性が高いと判断できる。

　「創造的身体表現遊び」においては、プログラムが進行するにつれて、子どもが、動作を型に結びつけ、一つの動作から知らず知らずの間に次の段階の動作へと流れていくように構造化されているが、一方的な命令で全てを統率されて動くような組織化されたプログラムや反復的な訓練課題とは異なる。このことは、「『運動による連合』と『運動の連合』の発達を併せてはかっている（Frostig／小林（訳），2007; p. 94）」ムーブメント教育の理論に基づいた結果である。

表2-3 「創造的身体表現遊び」のプログラムにおけるムーブメント教育の達成課題の実施率

	ムーブメント教育の達成課題	実施率%
rowspan=15	感覚運動スキル	rowspan=5	感覚	視覚	見る（追視、注視等）	98.9
聴覚	聴く	98.9
触覚	さわる（手の触覚、身体全体での触覚刺激）	70.6
前庭感覚	重力方向（垂直、回転、水平）や加速度に対する感覚	97.8
固有感覚	動く（筋力や関節に緊張の刺激を与える）	100.0
rowspan=3	基本的動き	姿勢能力	座位、四つばい位、立位、片足立ち等	100.0
移動能力	四つばい移動、歩行、走行、つま先歩き、スキップ、ジャンプ等	100.0
操作能力	手足での物の操作、他の身体部位での操作	83.3
rowspan=9	運動属性		協応性	身体を巧みに使う能力。全身運動でいくつかの筋肉を同時に、	rowspan=2	88.9
		協同的に使うこと
	敏捷性	動作の素早さに関する能力	67.2
rowspan=3	バランス（平衡性）	動的バランス	移動運動の中で身体をバランスよく操作する能力	80.6
静的バランス	体の動きを止めバランス姿勢を維持する能力	68.3
物的バランス	身体で物を巧みに操作する能力	65.6
	柔軟性	関節を最大限に屈伸させ、身体を容易に動かす能力	68.9
	リズム	一定の順序で繰り返される運動の流れ・パターン	100.0
	筋力	全身または身体の一部を使う時の能力	70.6
	スピード	一定の運動が行われる速さ	70.0
	持久力	運動を長く続けて行う能力	67.2
rowspan=3	身体意識能力		身体像（ボディ・イメージ）	身体に関する主観的感覚・イメージ	68.3
	身体図式（ボディ・シェマ）	上手に身体を動かしたり姿勢を維持したりする能力（バランス能力、身体両側性機能）、ラテラリティ（身体の左右の優位性）、方向性（位置関係を捉える能力、正中線交叉能力）	100.0
	身体概念（ボディ・コンセプト）	身体や身体部位の構造や機能に関する知識	98.9
rowspan=4	時間・空間	colspan=3	時間意識	速度の変化（速-遅）を意識すること	70.0
colspan=3	空間意識	距離や位置関係を把握する能力	rowspan=2	100.0
colspan=3		高さの変化、形の変化（つまり視知覚の案内となるもの）
	知覚	視知覚	形態認知（形の弁別）、識別認知（色の弁別）、空間認知（大小・位置・遠近の弁別）、図地知覚（背景からの図弁別）、視覚的銘記（視覚情報を思い出す）	69.4

その因果関係意識能力		聴知覚	聴覚的認知（音の相違の弁別）、聴覚的定位（音の方向性の弁別）、聴覚的銘記（音を保存し思い浮かべる）、聴覚的思考（様々な音の意味を連想する）、聴覚的図地感覚（様々な音の中から特定の音を弁別する）	71.7
		触知覚	触覚的弁別（物の物量・質的な差異の弁別）、触覚的図地知覚（物の図形などを知る）、触覚的認知（物の機能や特性を知る）、触覚的空間認知（物の位置関係・距離・広がりなどを知る）	65.6
心理的諸機能	言語機能		受容言語、表出言語	99.4
	連合運動	視覚-運動連合	フープの中をとんで歩く、ボールを受け取る、障害物を飛び越す等	71.7
		聴覚-運動連合	音楽に合わせた運動、音の聞き分けて動く等	68.9
	高次の認知的諸機能		創造性、問題解決能力、イメージや概念の形成、記憶、自己表現	100.0
	社会性		他者と協同する能力、人間関係を形成し円滑に維持する能力	100.0

2.2.2.4　代表的なプログラムの事例と発達障がい児の様相

「創造的身体表現遊び」の60のプログラムの規模やテーマ、設定プログラムの型等の分類を受け、その中から代表的なものとして、6つの具体的な実践を取り上げる（通し番号は表2-1のもの）。さらに、その中で記録された発達障がい児の様相を提示し、合わせて考察する。

(1) 実践プログラム〈通し番号11〉「大きなかぶ」の世界で遊ぼう！から（表2-4）

このプログラムは、よく知られているロシア民話「大きなかぶ」（A.トルストイ作）をもとにしている。

大きなかぶのストーリーは単純で、既に絵本などを読み理解している子どもが多かったことも影響して、参加者が主体的に自然とかかわる場面が多く見られた。

主な活動の内容	発達障がい児の様相
集合・呼名の後、リーダーがお話の世界を案内するガイド役となり、子どもたちを「大きなかぶ」の童話の世界に案内するところから設定ムーブメントのプログラムが始まり、おじいさんとおばあさんに扮した学生が待っていて、子どもたちにかぶの種を蒔くための	

農作業を手伝って欲しいと頼むという展開で課題が用意されていた。

　畑を耕す動作を取り入れながらサークルダンスを行った。左右、上下の空間意識に重点を置き、ジャンプなどダイナミックに身体を動かしみんなで楽しく動いた。

　次に、ムーブメント遊具「ピッタンコセット」をもとに作成した「畑ぺったんマット」を使い、「種を蒔く」という場面を楽しみながら、左右の身体意識を高める活動を行った（写真2-10）。

写真2-10　種蒔きをイメージした活動の様子

　子どもたちは農作業の準備として、右手…緑、左手…黄、右足…青、左足…赤と指定された手袋と靴下を渡され各々に装着し、その色と。同じ手型・足型がマットにもついていて、畑ぺったんマットに合わせて、手足を当てはめ進んでいくことで、右歩き、後ろ歩き、左歩き、交差の歩き方をしながら、手を床につく動きを体験しながら、「種を蒔く」作業を演じた。

　終盤、畑に種を蒔き終わるとあっという間に大きなかぶができあがっているという展開で、学生たちが白

　D児（アスペルガー障害、6歳男）は、サークルダンスでは、既に動作模倣を獲得しているリーダーの動きに同調して踊っていたが、方向を移動しながらの動き（輪になった状態で跳びながら左右に移動する等）に一瞬戸惑いを見せ棒立ちとなった。スタッフの一人が前方に立って鏡の状態になって一緒に動くと目を合わせ嬉しそうに踊り出した。

　「畑ぺったんマット」を使った活動では、多動傾向が強く集団によるプログラムが開始した後も部屋を走り回ることが多いA児（自閉症5歳男）や、姿勢や移動の課題に困難を抱えていたB児（広汎性発達障害、6歳男）やC児（広汎性発達障害、5歳男）にとっても、手袋と靴下の色分けによる指示が明確にされていたのが効果的だったのか、それまでに比べるとスムーズに課題に取り組んでいた。種蒔きの動きを表現しながら集中して課題に取り組み列に並び他児に動きを観察しながら待つ姿も見られた。

　集中して活動に継続して参加することが苦手のA児が、先に実施している他児をよく観察しながら、丁寧に挑戦する姿が見られた。移動の課題としては、順に高度になっていくが、諦めずに最後の課題の終点に立ったとき、満足そうな表情を浮かべた。

　D児（アスペルガー障害、6歳男）は、「大きなかぶ」の話をよく理解

い大きな布をまとい頭に緑色のスカーフを巻いて寄り集まって円陣を組み、大きなかぶを表現していた。この「大きなかぶ」の登場に母親たちが声をあげて笑い一気に場が明るくなった。子どもたちも一緒に飛び回って喜んだ。おじいさん、おばあさんと、お話の展開にそって一人ずつ増えていき、子ども同士が自然と仲間の名前を呼び合ったり、母親たちも加わったりして、全員笑顔で連なり、「うんとこしょ、どっこいしょ！」とかぶを抜く動きを繰り返した。その動きに合わせてかぶ役の学生たちは何十回も屈伸運動を繰り返し、汗だくになりながら、抜けそうでなかなか抜けないかぶの姿を演じて子どもたちの意欲を引き出した。子どもたちが全員揃い力を合わせたところで、かぶ役の学生たちが呼吸を合わせて跳び上がりかぶが抜けたことを表現した。（写真2-11）。

写真2-11　みんなで大きなかぶの世界で遊ぶ

プログラムの最後は、スカーフのトンネルをくぐって、童話の世界から日常の世界に戻ってきたことを意識づけ、大好きなパラシュートの活動を楽しんだあと、絵本を使って、活動のふりかえりを行った。

しており、それを実現することに意欲的に取り組んでいた。それまで、他児とのかかわりも少なかったが、一人ひとりの名前を大きな声で呼んで全員がつながって引っ張る必要があることを説明していた。A児も他児やスタッフの手を引いて列にかぶを抜く列に呼び寄せた。大きな声を出しながらかぶを抜く動きをリズミカルに表現した。最後にかぶが抜けたシーンでは、他の参加者と共に声をあげ跳び上がって喜んだ。

B児は、おじいさん役のリーダーの顔を頻繁に触ろうとしたり、他の子どもたちの間で名前を呼ばれても列に加わらなかったりと、一見すると場の流れに適応していない行動を取り続けていた。さらに、目に涙をためてリーダーや母親に何か訴えている様子であった。ようやく、B児が「おじいさん」の役をやりたかったのだということを周囲が理解し、即席で紙製の「白いひげ」が用意された。「おじいさん」に扮して先頭でかぶを引っ張る役を担当することができると、B児は活き活きとした表情で活動に参加した。

ふりかえりの場面では、A、B、C、D児が全員、絵本に注目しており、リーダーの説明を聞きながら、母親と見つめ合ったり、絵本の場面を指さしたりして、共有した出来事をふりかえっている様子が観察された。

表2-4　「大きなかぶ」の世界で遊ぼう！プログラム表

「大きなかぶ」の世界で遊ぼう！			場所：○○体育館　サブアリーナ 日時：　20XX＋1年60　X日　(X4 14:15〜15:55)		
時間	活動内容・方法		配慮すべき点	達成課題	準備
14:15	【フリームーブメント】	・到着した子どもから好きなムーブメント遊具を使って遊ぶ	・子どもの自発的な活動を大切にする。	・自主性・自発性	・各種ムーブメント遊具
14:45	【走行・歩行ムーブメント】	・部屋中を音楽にあわせて速度を変えたり、イメージを膨らませながら、歩いたり走ったりする。	・スカーフサークルで応援する。 ・一人一人のペースを大事にする	・移動・模倣・創造性	・スカーフ ・キーボード
	ボルダリングぺったん	・ボルタリングの壁に4色のシールを張る。	・動きに適応した言葉がけも忘れない。	・色の識別・操作性	・シール(双葉)
15:00	【集合・呼名】	・一人一人の名前を呼び、活動の始まりを意識づける。	・音楽との関わりを重視する。	・自己意識 ・他者意識	・CD
	【ダンスムーブメント】	・音楽に合わせて、楽しく体を動かす。 ・周りの人の動きを見て模倣し、リズムに合わせて動く。	・動きに適応した言葉がけも忘れない。	・身体意識 ・空間意識 ・協応性・模倣 ・創造性・言語性	
15:10	【設定ムーブメント】 パネルシアター 童話「大きなかぶ」の世界で遊ぼう!!	・童話の世界を説明して、設定ムーブメントへの創造性を育む。 ・童話「大きなかぶ」の物語に沿った設定ムーブメントを楽しむ ○お話の国のトンネルをくぐる ○畑耕しダンス(サークルダンス) ○種をまく(畑ぺったん) ○かぶをぬく ○お話の国の出口のトンネルを通る。	・一人一人に合わせた課題に柔軟に対応する。 ・拍手や声で応援する。	・創造性・空間意識 ・移動・左右の概念 ・調整力・模倣 ・社会性	・パネルシアター ・キーボード ・スカーフ ・畑ぺったんマット・手袋・靴下 ・かぶスーツ
15:35	【パラシュートムーブメント】	・パラシュートの活動を楽しむ。	・子どもを乗せる時は、パラシュートの下にマットを準備。下にもぐる子どもに注意…。	・前庭感覚刺激 ・創造性	・パラシュート ・マット
	【ふりかえり】	・絵本を使って振り返る。		・短期記憶	・絵本

(2) 実践プログラム〈通し番号22〉タオルで遊ぼう！「親子の魔法使い」から（表2-5）

このプログラムは、S市の地域子育て支援講座として、市内13カ所で実施されたものである。会場の広さや参加人数の違いに対応できるように、シンプルで柔軟性のあるプログラムになっている。また、家庭での遊びへつなげたいという目的から身近なものの活用として「タオル」を主な遊具として活用している。

地域の子育て支援事業ということで健常児の割合が多かったが、自閉症の傾向のある（診断前の）E児（3歳男子）が参加していた。それまで他の集団活動には全く参加することができず混乱して逃げ出したりパニックを起こしたりすることが多かったそうだが、終始、プログラムの流れにそって活動の輪の中心で、笑顔で活発に動いていた。さらに、日常では独り言のような話し方で発話そのものも少なめであるが、プログラム中は、全体の活動に即した内容の発話が多かったことから、母親が驚きを隠せない様子で、その場でリーダーへ報告があった

親子での参加を基本とし、親子のかかわりの場面を多く設定していたことから、感想には、母親自身が初めて子どもと「思い切り一緒に遊ぶことができた」と驚きと嬉しさが表れており、「家庭でもやってみたい」と日常の取り組みへの意欲が多く残されていた。

主な活動の内容	発達障がい児の様相
はじめは、みんなで丸くなって座り、タオルに魔法をかけるという設定で、帽子やヘビや焼き芋に見立てて遊んだ。さらに、タオルを使って子どもたちが魔法使いに変身するという設定で、タオルを頭巾のようにかぶったり、マントのように羽織ったりと、親が工夫して楽しんでおり、自然と目を合せて微笑む姿や他の親子とかかわる様子が見られた。	E児（3歳男子、自閉症の傾向）は、フリームーブメントでは、自分の興味のある遊具で没頭して遊んでおり、集団の活動に促されて輪に入ったときの表情は暗かった。しかし、タオルの見立て遊びが展開していくと、母親と見つめ合いながら嬉しそうに動く姿が見られた。
次に、魔法をかけてたくさん遊んだタオルを洗濯しようという展開で、洗ったり絞ったりする手の動きを課題に取り入れた。その後に続いたロープに洗濯ばさみを使ってタオルを干すという活動には、巧緻性の課題が含まれている。みんなで干した洗濯物のタオルに魔法をかけると、魔法のウェーブに変身するという展開で、「ゆっくり」「はやく」「低く」「高く」などのこ	全体の活動が、洗濯するというイメージでタオルを洗うような動きで取り扱っている際に、E児は、「ぼくのおうちは洗濯機！」と言いながら、タオルの端を持って回し始めた。リーダーが「それ、いいね」と取り上げ、全員でE児の動きを真

とばの指示に合わせて、ロープにかかったタオルが動く（指示に合わせて、スタッフが両端を持って動かす）ので、子どもたちは興奮した様子であった。そのタオルがたくさんかかったロープを、またいだり、くぐったりする活動では、一段と各親子の動きが活発になった。

続いて、魔法をかけると空飛ぶ魔法のじゅうたんに変身という設定で、ムーブメント遊具「ユランコ」の活動を基本に、子どもをバスタオルに乗せてゆっくりした横揺れや縦揺れを楽しんだ。そり遊び風の活用も見られた。

最後は、パラシュートを鍋に見立てて、みんなで魔法のミックスジュースを作る展開で、色の識別課題や方向性の指示を加えて鍋を拭くというイメージの中で動きを拡大していった。

その後、パラシュートは数人の大人で鍋型に保って持っておき、果物に見立てたカラーボールを入れた。

母親と一緒にタオルの両端を持ってボールを乗せて運んで入れるという課題も追加した。自分が入れたボールの色からイメージされる果物の名前を伝える声も飛び交っていた。たくさんの果物（カラーボール）が入った鍋（パラシュート）を全員で揺らして跳ねて混ぜ合わせ、ミックスジュースを作った。

最後にタオルを細長くしてストローに見立ててパラシュートにさして「ゴクゴク」と飲み干し、「ごちそうさまでした」と言って終わりとなった。

似ると、嬉しそうに跳び上がり、さらに大きくタオルを振り回した。

E児は、バスタオルに乗って上下に揺らしてもらう遊びが気に入ったようで、何度も要求していた。母親に他の子どもと交替するように促され、一度困った表情を見せたが、指示に応じ、タオルを持つ役割でも嬉しそうに他児の様子を見ていた。そりの活動では、他児と共に3人で身体を寄せ合って乗り、しっかり姿勢を保つことができていた。

E児は、ピンクのカラーボールを母親と一緒に注意深く運び、パラシュートに入れた後、「桃だよ」とスタッフに説明していた。他児も同様に「ぶどう」「りんご」と自分のボールを果物に見立てた話をしているのを興味深く聞いており、母親が「ミックスジュース、美味しくなるね〜」と話しかけると、嬉しそうに頷いた。

表2-5 タオルで遊ぼう!「親子の魔法使い」プログラム表

タオルで遊ぼう！「親子の魔法使い」		場所： ○○市子育て支援講座開催各施設 日時： 20XX＋2年9月〜11月　10：30〜12：00			
時間	活動内容・方法		配慮すべき点	達成課題	準備
10:30	【魔法でタオルが変身!?】タオルで遊ぼう！	・タオルで身体をタッピングしながら隣に回し、タオルを使った見立て遊び。	・円座になって、童謡「ひげじいさん」の歌に合わせて、集団に合わせたスピードで行う。	・身体意識 ・方向性 ・左右の概念 ・創造性	・タオル ・音楽（ピアノorキーボード）
10:40	【魔法のウェーブに挑戦！】	・タオルを洗濯し、洗濯ばさみでロープにタオルを干す。 ・皆で魔法でタオルが「波」に変身し、またいだり、くぐったりする。	・親子の活動から集団の活動に発展させる。 ・ロープに洗濯ばさみをつけておく。	・操作性 ・言語性 ・空間意識 ・創造性	・長ロープ ・洗濯ばさみ ・音楽（ピアノorキーボード）
10:50	【魔法のタオルで空を飛ぼう！】	・ユランコでの活動を紹介し、家庭でバスタオルでも出来ることを伝え、バスタオルユランコの揺れを楽しむ（横揺れ、縦揺れ、そり遊びなど）。	・一人一人のペースを大事にする。	・前庭感覚刺激 ・創造性	・ユランコ ・バスタオル
11:05	【パラシュートで魔法のミックスジュースをつくろう！】	・パラシュートの景色を楽しむ。 ・パラシュートをタオルできれいに拭く。 ・果物に見立てたカラーボールを親子で協力してタオルで運び、パラシュートの中に入れる。 ・皆でパラシュートを持ち、揺らし、ミックスジュースを作り、ストローに見立てたタオルで飲み干す。	・パラシュートを大きなお鍋に見立てて活動する。 ・子どもがパラシュートの下に入った時は1名下に入る。 ・自然な会話を楽しみながら、創造性を刺激する。	・色の識別 ・空間意識 ・操作性 ・協応性 ・創造性	・パラシュート（5mサイズが基本） ・カラーボール ・音楽（ピアノorキーボードorCDラジカセ）
11:20	【ふりかえり】	・イラストを見せながら、活動をふりかえる。 ・ジュースのぬり絵カードを配布し、色を塗る。	・参加者全員で活動を共有。	・短期記憶	・ふりかえりイラスト ・ぬり絵カード ・クレヨン

(3) 実践プログラム〈通し番号18〉「一緒につくろう！みんなのダンスパフォーマンス『花』」から（表2-6）

　このプログラムは、大学と地域の連携による公開講座として実施されたものである。親子30組を中心に、様々な年齢層から障がい児・者を含む40名以上の市民が参加した。

主な活動の内容	発達障がい児の様相
集団活動の導入として、みんなで輪になってダンスムーブメントを実施した。簡単な動きでリズムや揺れを共有したり、互いの身体で関わり合ったりすることを重視して、基本的な動きを取り入れた。また、呼名の時間には、子どもの名前を呼ぶ基本活動のみでなく、簡単なダンスを歌いながら踊りながら、大人の参加者が一人ひとり中央に出てきて、自分の名前を言いながらポーズをとるという活動を行った。そして、一人ひとりのポーズを全員で真似するという活動に展開した。子どもも大人も各々が自己意識を高めながら、他者を受け入れ、互いの表現を分かち合うことを楽しんでいた。	F児（ADHD、7歳女）プログラム全体を通して積極的に動き創造的な表現を見せていた。ダンスの活動では声を出し笑顔で大きな動きで取り組んでいた。 　名前を言いながらポーズを取る場面では、大人の動きを積極的に真似たり、自分の動きも見て欲しいと円の中央に入ってきたりした。
プログラムの中盤は、「花」をテーマに以下の流れで展開した。	
①花の命を育む力：様々な動きの質をアレンジしながら移動する「走行・歩行ムーブメント」を基本に、花の命を育む土を耕したり、水や風や光などのイメージを膨らませたりしながら、歩いたり走ったりした。	F児は、歩いたり走ったりする動きでは、他者の様子をよく観察しながら動いていた。
②花の種をまこう！：みんなで耕した大地に、自分だけの花の種を見つけて（生みだして）、丁寧に願いをこめて種を蒔くという即興的な表現に取り組んだ。例えば、実際には種に種に見立てた小道具もなく、また、床も絨毯で当然土ではないが、参加者たちは、イメージを身体の動きで伝え合い、大事そうに種を運び、土に蒔くイメージで動いていた。	種をイメージして大事そうに手の平を動かし、他者に分けたりもらったりするやりとりに参加し、「はい、どうぞ」「ありがとう」の言葉を交わしながらかかわる姿が見られた。
④花が咲くとき、花に包まれるとき：静かな音楽の中で、オーガンジーの布やスカーフを使い、つぼみが開き花が咲くシーンをスタッフが演じた。参加者にはそのパフォーマンスを「鑑賞」して楽しむ計画であったが、子どもたちがどんどん輪の中央に入ってきて、	子どもたちが鑑賞の予定であった「花が咲く」シーンではF児が「私の花も一緒に入れて！…」と中央で踊る、学生スタッフの元に走り寄ってきた。この動きをきっかけに誘わ

各々に花が咲くイメージを表現し始め、即興的なパフォーマンスの場が生まれた（写真2-12）。

れるように、他の発達障がい児、健常児数人も加わり、即興的なダンスのシーンが展開した。

写真2-12　スカーフを使ってみんなで「花が咲く」イメージで即興表現

その後、ビニールシートでできた花の匂いがするパラシュートが出てきて、上下に揺らしたり、下から透ける色や香りを楽しんだりした。最後は、花のパラシュートでドームをつくり全員が包まれた（写真2-13）。

F児は、それまでの活発な姿とは対称的に、ビニールシートが出てきた場面では、うっとりとした表情でシートを眺め、中央で座って手を伸していた。母親に花の香りがすることについて話しかけ、それを聞いていた他児の母親が会話に入ってくると、嬉しそうに返事をしていた。

写真2-13　花の香を含ませたビニールシートを活用した遊び

⑤遊ぼう！遊ぼう！：春の花畑で色とりどりの花たちと虫や鳥が戯れているようなイメージで、チューブとスカーフを使ってみんなで遊んだ。色々なものに見立てたり、様々な使い方が出てきたり、お互いのアイディアが紹介し合い、遊びを共有して楽しんだ。

⑥花が舞う、みんなが笑う：パラシュートムーブメントでさらに一体感が増し、桜をイメージした紙吹雪を飛ばして、一足お先のお花見の雰囲気で盛り上がっ

紙吹雪が舞うシーンでは嬉しそうに跳び上がり、落ちた紙を大事そうに集めていた。

た（写真2-14）。

写真2-14　パラシュートで桜吹雪を楽しむ様子

最後に、その日の活動をふりかえ、自分自身の気づきを言葉にして語ったり絵に描いたりして、共有した。

活動後のふりかえりの時間では、F児は、自分の表現を受け入れてもらえる喜びと他者と共に創りあげていることへの満足感を語った。母親によれば、F児は、学校では良好な人間関係を構築できず自己否定を繰り返していた頃だったので、普段とは違った活き活きした姿と周囲との関係の有り様に、母親は驚きを隠せず、場への感謝と喜びに満ちた感想を残していた。

(4) 実践プログラム〈通し番号7〉トトロの森へ秋の遠足に行こう！から（表2-7）

このプログラムは、アニメ「となりのトトロ」の世界をテーマに考案された。

主な活動の内容	発達障がい児の様相
ダンスムーブメントの後で、音楽にのって、「ネコバス」が登場した途端、子どもたちの興奮する様子が見られたが、この「ネコバス」は、ロープの電車ごっこのスタイルが基本で、あとは、先頭の学生スタッフがダンボールで作った顔と空き箱でできたネームプレートを装着し、最後尾の学生のお尻にタオルでできた尻尾がついているだけのシンプルな作りである。学生たちのネコバスの動きも工夫されており、子どもたちはすっかりネコバスに夢中になっていた（写真2-15）。	ネームプレートに名前が出た人を迎えに行くという仕組みを理解したA児（自閉症5歳男）は、早く自分のところにネコバスが来て欲しいようで、自らプレートを変えようとするほど積極的になった。乗り降りできるドアにあたる部分だけ、ロープに変えて伸縮性のあるプレイバンドがつなげてあり、このプレイバンド

第2章 「創造的身体表現遊び」の構造と発達障がい児支援における可能性　53

写真2-15　ネコバスの魅力に引き寄せられる

子どもたちが全員乗った後は、ネームプレートが「おかあさん」になり、母親たちも一緒に、とても大きくなったネコバスで部屋を移動した（写真2-16）。

写真2-16　ネコバスでみんなで移動する

母親たちが乗り込んでくると、子どもたちは益々嬉しそうに跳び上がったり、母親に寄り添ったりした。サーキットプログラムの活動の説明を聞くときも、順番も待つときも、ネコバスの中で静かに座っていることができた。

が伸びて広がる様子が、ドアが開き、ネコバスに包み込まれるように乗るアニメの世界をうまく演出したようで、子どもたちは釘付けになっていた。

発達障がい児5名が参加しており、順番を待つ、集団で動く、他者と接触して狭い空間に居る等、彼らが苦手とする課題で構成されているプログラムであったが、スムーズに一人ずつネコバスに乗り込んで集団でまとまって移動することができた。

表2-6　みんなのダンスパフォーマンス「花」プログラム表

一緒につくろう！みんなのダンスパフォーマンス「花」		場所：○○市民会館　　　　　　　　　　　　　　日時：20XX＋2年3月×日(×) 13:30～16:30			
時間	活動内容・方法		配慮すべき点	達成課題	準備
13:30	【フリームーブメント】	・到着した人から好きな遊具で遊んだり、他の参加者とお話したり、環境に慣れる。	・参加者の自発的な活動を重視する。	・自主性・自発性	・各種ムーブメント遊具
13:45	【ダンスムーブメント】	・皆で円座になって座り、周りの人の動きを見て模倣し、音楽に合わせて楽しく体を動かす。	・音楽との関わりを重視する。 ・親子での取り組みを大切に。	・自己意識 ・身体意識 ・協応性・模倣	・CD ♪あたまあたま/ゆらゆら/ぐっぱ
13:55	【お名前紹介】	・子どもたち一人ひとりの名前を呼ぶ。 ・大人の人は、自分の「お名前ポーズ」して、皆で模倣する。	・一人ひとりのペース・表現を大切にする。	・自己意識 ・他者意識 ・模倣	・キーボード
	【メインプログラム：花】				
14:30	①花の命を育む力	・走行・歩行ムーブメントを基本に土や水や風や光のイメージを膨らませながら歩く。	・それぞれの表現を大切にして、動きに適応した言葉がけをする。	・移動 ・創造性 ・模倣	・キーボード ・スカーフ ・カラーチューブ
14:40	②花の種をまこう！	・自分だけの花の種を見つけ出し、願いを込めたり、分かちあったりしながら、大切にまく。	・参加者の動きを刺激するように、表現する。	・創造性	
	＜休憩10分＞				
15:00	③芽生える不安と伸びゆく喜び	・種から芽が出るイメージで動く。 ・伸びようとする仲間にパワーを送るダンスをする。	・場に集中を促したり、率先して動いたり、盛り上げる。	・創造性 ・模倣	・チューブ ・ビニール
15:10	④花が咲くとき、花に包まれるとき	・花が咲くシーンを皆で鑑賞する。 ・花のビニールパラシュートに包まれる。	・座って鑑賞するように促す。 ・酸欠に注意しながら行う。	・創造性 ・分かち合い	・開花セット ・スカーフ ・花ビニールパラシュート
15:25	⑤遊ぼう！遊ぼう！	・春の花畑のイメージでチューブとスカーフを使って遊ぶ。	・参加者の遊びを引き出すように。	・創造性 ・分かち合い	・スカーフ ・チューブ
15:55	⑥花が舞う、みんなが笑う	・パラシュートの活動を楽しむ。	・下にもぐったときに高さを守る。	・創造性 ・協応性	・パラシュート・紙吹雪 ・アンケートシート
16:10	【ふりかえり】	・皆で活動をふりかえる。	・活動を共有する。	・短期記憶	

第 2 章 「創造的身体表現遊び」の構造と発達障がい児支援における可能性

表 2-7 「トトロの森へ秋の遠足に行こう！」プログラム表

トトロの森へ秋の遠足に行こう！		場所： ○○体育館　サブアリーナ　　　　　　　　　　　　　　日時： 20XX 年 11 月 X 日（X）14:15〜15：55			
時間	活動内容・方法		配慮すべき点	達成課題	準備
14:15	【フリームーブメント】	・到着した子どもから好きなムーブメント遊具を使って遊ぶ	・子どもの自発的な活動を大切にする。	・自主性 ・自発性	・各種ムーブメント遊具
14:45	【走行・歩行】	・部屋中を音楽に合わせて速度を変えたり、イメージを膨らませながら歩いたり走ったりする。	・一人一人のペースを大事にする。 ・動きに適応した言葉がけも忘れない。	・移動 ・模倣 ・創造性 ・自己意識	・キーボード
	【ボルダリングぺったん】	・ボルダリングの壁に4色のシールを貼る。		・色の識別 ・操作性	・シール
15:00	【集合・呼名】	・一人一人の名前を呼び、活動の始まりを意識づける。	・一人一人のペースを大切にする。 ・音楽との関わりを重視する。	・身体意識	・キーボード
	【ダンスムーブメント】 ねこバスになろう	・音楽に合わせて、楽しく体を動かす中で、自己意識・身体意識・空間認識を高める。 ・周りの人の動きを見て模倣し、リズムに合わせて動く。	・一人一人に合わせた課題に柔軟に対応する。 ・さんぽの曲を流し、遠足気分を盛り上げる。	・自己意識 ・身体意識 ・協応性 ・模倣	・CD
15:10	【サーキットムーブメント】 トトロの森へ秋の遠足に出かけよう！	・さんぽの歌に沿ったサーキットを楽しむ。 ・スカーフをくぐる/坂道を登る/トンネルをくぐる/足跡ぺったんを渡る/じゃり道を通る/ユランコの揺れを楽しむ/ハンモックをくぐる/トランポリン10回ジャンプ/ママタッチでゴール。	・一人一人に合わせた課題に柔軟に対応する。 ・拍手や声で応援する。	・創造性 ・操作 ・移動 ・調整力 ・模倣 ・社会性	・CD ・フープ ・マット ・トンネル ・足跡ぺったん ・ユランコ ・ハンモック ・トランポリン
	【パラシュートムーブメント】	・好きな歌に合わせてパラシュート活動を楽しむ。	・子どもを乗せる時は、パラシュートの下にマットを準備。下にもぐる子どもに注意…。	・前庭刺激感覚 ・創造性	・パラシュート ・マット
15:35	【ふりかえり】	・今日の活動を振り返る。		・短期記憶	

表2-8 親子で遊ぼう！「夏祭り」プログラム表

親子で遊ぼう！　夏祭り			場所：○○大学 体育館アリーナ 日時：20XX年7月××日（火）14:00～16:00		
時間	活動	内容・方法	達成課題	配慮	準備
14:00	【フリームーブメント】	・好きなムーブメント遊具を使って遊ぶ	・自主性・自発性	・子どもの自発的な活動を大切にする。	・各種ムーブメント遊具
14:30	【走行・歩行ムーブメント】	・音楽にあわせて速度を変えたり、イメージを膨ませながら、歩いたり走ったりする。	・空間認識・創造性・移動・模倣	・一人一人のペースを大事にする ・親子の活動を大事にする。 ・一人一人に合わせて課題を変更し柔軟に対応をする。	・キーボード
14:40	【集合・呼名】 ダンスムーブメント	・一人一人の名前を呼び、活動の始まりを意識づける。 ・音楽に合わせて、楽しく体を動かす中で、自己意識、身体意識、空間認識を高める。	・自己意識・身体意識・協応性・空間認識・移動	・拍手や声で応援する。 ・音楽との関わりや言葉がけを重視する。	・CD
15:00	【設定ムーブメント】 パネルシアタースタンプラリーで出店に行こう！ おみこし・わっしょい	・パネルシアターで、スタンプラリーの流れを理解する。 ・夏祭りの各出店で活動を順に体験する。 ・中央でおみこし（ゆらんこ）に乗り、揺れを楽しむ。	・時間と数の概念・バランス感覚・創造性・社会性		・パネルシアターセット ・出店セット ・各種ムーブメント遊具 ・ゆらんこ
15:35	うちわで遊ぼう！ 「わ」になって踊ろう！	・輪になって座り、うちわを使った活動を楽しむ ・笛太鼓の音楽に合わせてうちわを持って踊る。	・操作性・目と手と耳の協応・模倣・社会性		・うちわ ・風船
15:45	【パラシュートムーブメント】	・パラシュートを使った様々な活動や揺れの刺激を楽しむ。	・前庭感覚刺激 ・社会性	・子どもを乗せる時は、パラシュートの下にマットを準備。下にもぐる子どもに注意…	・パラシュート ・マット ・風船

(5) 実践プログラム〈通し番号4〉親子で遊ぼう！「夏祭り」から（表2-8）

公募によって集まった40組以上の親子を対象に実施した。研修講座の一環として公開であったため、受講生で大人のみの参加もあったため、大勢が参加しやすいように、広い環境（体育館アリーナ）での実施となり、「夏祭りの出店」をテーマにしたプログラム案が生まれた。（このプログラムで初めて考案されたので、以降、同じような展開の仕方を「出店型」と呼ぶようになった。参照：2.2.2.2の(2)）

主な活動の内容	発達障がい児の様相
フリームーブメント、走行歩行、呼名、ダンスムーブメントの基本の流れを展開した後、パネルシアターで各出店の活動を紹介し、スタンプラリーの用紙を渡した。この用紙によって、参加者が最初に行くブースを指定して、人数が均等に配分されるように工夫した。親子は各ブースを回り、各々のペースで活動に参加した。気に入ったところに何度も行く子どももいた。出店の活動は、例えば「きらきら花火の輪投げやさん」では、輪投げの輪にきらきらしたモールを飾り付け、上手に引っかかると夜空に花火が咲いたような風景ができあがるようになっていた。斜めになっている台と、壁にかかっているものがあり、発達段階によって、高さや角度の違う課題を選択できるようになっていた（写真2-17）。  写真2-17　「夏祭り」の出店「輪投げ屋」をイメージした活動	継続して参加していた発達障がい児たちは、最初、いつもの活動の場所と違って広いアリーナであることに戸惑った表情を見せたが、活動が展開していくと、いつもと同じ流れであることに安心したように、落ち着きを見せ、集団活動に参加していた。 親子で自分のペースで好きな活動に取り組むことができるためか、出店の時間は、発達障がい児が皆、積極的に動いている姿が観察された。自分の行きたい活動を指さしたり、母親の手を引っ張って進む姿も見られた。

「ふわふわわたあめ屋さん」では、子どもが、マジックテープの付いたポンチョをかぶり、綿の上をゴロゴロ転がって、綿菓子のようになり、回りの大人や子どもが食べる真似をしながら、綿を外すという活動を楽しんだ（写真2-18）。

写真2-18　「夏祭り」の「わたあめ屋」をイメージした活動

　最も人気があったのは、「人間ボーリング」のコーナーで、学生や親が頭巾を被りピンになり、子どもたちは大きめのバランスボールを投げて巨大なボーリングに見立てる設定であった。ピン役は、ボールの先に移動しボールに触れた瞬間、跳び跳ねてピンが倒れる様子を表現する。つまり、絶対失敗しない成功体験が味わえるというのが特徴の活動で、ピンが倒れると子どもは大喜びし、何度も何度も挑戦する様子が観察された。大人側の遊び心も高まったようで、巧みにピンの動きを表現して笑いを誘っていた（写真2-19）。

写真2-19　「人間ボーリング」ピンが倒れる様子を表現

　G児（自閉症、4歳男）は、「人間ボーリング」の出店が気に入り、列に並んで何度も挑戦していた。ボールが当たるときに、声を出し、ピン役の大人とのかけあいのような展開が見られた。また、何度も繰り返しているうちに、まっすぐに力強くボールを転がすことができるようになっていた。他児が実施する際も後ろから覗き込み、ボールが当たってピンが倒れると跳ねて喜んでいた。

各出店では代金を払うようになっており、手作りの1,000円、500円、100円のお札や硬貨を画用紙で準備した。お金や数の概念がわかる子どもたちには、生活に密着した課題となった。

 全部のお店を回るとスタンプラリーが完成し、オリジナル団扇と交換することができ、全員で、笛や太鼓の音楽にのせて、盆踊りのイメージで団扇や風船を使ったムーブメントを楽しんだ。ユランコを御神輿に見立てた活動では、「わっしょい！わっしょい！」と元気な声も上がった。「夏祭り」がテーマであることを告知していたため、スタッフだけでなく、参加者の中には浴衣姿の者もいて、本当の夏祭りのようであった。

（6）実践プログラム〈通し番号38〉おさるさんになって遊ぼう！から（表2-9）

　このプログラムも「夏祭り」のプログラム同様、公開教室として参加者を公募して開催された。さらに保育士や教師を対象とした研修講座との連携により、小林（2005）によるアセスメント「MEPA-R」の項目を軸に、遊びのプログラムを通してアセスメントチェックができるように考案されたものである。プログラム中に保護者が簡単にアセスメント項目にチェックができるようにMEPA-Rの内容を抜粋して独自に作成したシートを配布した。

主な活動の内容	発達障がい児の様相
フリームーブメントで各々が自由に楽しんだ後、一人ひとり子どもの名前を呼び、「しっぽ」をつけて「おさるさんになる」ところから設定プログラムが開始された。 　まずは、ボスざるに扮したリーダーが登場し様々なバランスの課題を提示し模倣を促した。子どもたちは夢中になってボスざるに挑戦して楽しんでいるうちに、MEPA-Rのチェック項目でもある、「片足立ち」や「V字バランス」等の課題を体験した（写真2-20）。	模倣の活動を苦手とする発達障がい児も、遊びの取組みの中で、リーダーの学生が「おいらの真似ができるかな？」と魅力的なボスざるを演出しており、それに引き寄せられるように、活動に参加し、きをよく観察して挑戦しようとする姿が見られた。

写真2-20 「ボスざるに挑戦!」模倣課題の様子

　サーキットプログラムの後には、ジャングルをイメージした展開の中で様々な運動課題に挑戦した。(写真2-21)。

写真2-21　MEPA-Rの項目によるサーキットプログラム

　サーキットプログラムでは、発達障がい児が、親や親しい支援者が、「できない」と思いこんでいた課題に挑む姿が見られ、「未経験による未発達を防ぐ」ためにアセスメントを活用した活動の必要性を確認した。また、このプログラムは公開講座としての実施で基本より長い2時間の実施であったが、集中力を切らさずに活動した。

　サーキットプログラムの後は、みんなで「アイアイ」の音楽に合わせてダンスを楽しんだ。ここにも、ジャンプする、回る等たくさんの基本運動のチェック項目が入っていて、引き続きMEPA-Rチェックが続いた。
　最後は、収穫したジャンボバナナの中にパラシュートが入っていたという設定で遊具を出し、パラシュートの基本活動を皆で実施した。一人ずつ乗ってダイナミックな揺れを楽しんだ。紙吹雪を雨に見立てて散ら

　研修参加者が多く居る環境の中でも終始穏やかな表情で楽しそうに主体的に参加する様子が観察され、発達障がい児の親からは、驚きの声があがった。アセスメント項目のチェックを軸にしたことで、一人ひとりの発達段階に応じた個別の課題が提示できたことが影響したと考えられ

し、スコールのイメージの中で終了となった。 | る。また、アセスメントのチェックのために課が軸となりつつも、同時に、テーマ性のある展開で常に集団のつながりや一体感を強める演出を工夫したことも効果的であったと考えられる。

表2-9　おさるさんになって遊ぼう！プログラム表

時間	活動	内容・方法	達成課題	配慮	準備
	おさるさんになって遊ぼう！～MEPA-Rを活用したプログラム～		場所：○○大学　アリーナ 日時：20XX+4年6月××日（×）　13：00～15：00		
13:00	【フリームーブメント】	・到着した子どもから好きなムーブメント遊具を使って遊ぶ	・自主性・自発性 ・自己意識	・子どもの自発的な活動を大切にする。 ・一人一人のペースを大事にする。	・各種ムーブメント遊具
13:30	【集合・呼名】 【ダンスムーブメント】	・一人一人の名前を呼び、活動の始まりを意識づける。 ・音楽に合わせて、楽しく体を動かす中で、自己意識、身体意識、空間認識を高める。	・身体意識 ・移動・模倣・創造性	・動きに適応した言葉がけも忘れない。	・CD ♪あたまあたま／ゆらゆら／ぐっぱー
13:50	【走行・歩行ムーブメント】	・子どもたちはおさるさんのシッポをつける ・体育館中を音楽にあわせて速度を変えたり、イメージを膨らませながら、歩いたり走ったりする。 ・周りの人の動きを見て模倣し、リズムに合わせて動く。	・協応性 ・模倣・身体意識 ・創造性・移動・技巧 ・空間認知・身体意識	・随時見本になるように心がける。 ・動きに適応した言葉がけも忘れない。	・キーボード
14:00	【サーキットプログラム】「おさるさんになってジャングルで遊ぼう！」	・ボスざるに挑戦！ ・ジャングルに黄色いバナナを取りに行こう！！ （ジャングルに入ろう／橋を渡ろう／峠を越えよう／岩をどかして道をつくろう／バナナを収穫！）	・操作性・調整力 ・移動・模倣・創造性 ・協応性・身体意識	・MEPA-Rの内容を軸に、一人一人に合わせた課題を提供し柔軟に対応する。	・平均台・ロープ・形板・すべり台・マット・階段・岩（新聞紙）・ボール・ロープ・洗濯バサミ・ビーンズバック・風船・キーボード
14:35	【パラシュートムーブメント】	・おさるさんダンス「あいあい」を楽しもう！！ ・パラシュート活動を楽しむ。 基本活動／一人ずつ乗せる／スコールに見立てた紙吹雪	・前庭感覚刺激 ・創造性	・子どもを乗せる時は、パラシュートの下にマットを準備。下にもぐる子どもに注意…。	・パラシュート・マット ・紙吹雪
14:50	ふりかえり	・活動のふりかえり	・短期記憶	・参加者全員で活動を共有。	・紙芝居

2.3 【研究2-②】「創造的身体表現遊び」における発達障がい児の変化——親の気づきを通して——

2.3.1 方法

　対象となるのは、【研究2-①】でまとめた「創造的身体表現遊び」の実践プログラム60回（表2-1-1、2-1-2、2-1-3）において、2回目以降の参加となった発達障がい児（リスク児含む）の親が記述したコミュニケーション・シート157枚である。参加した発達障がい児の年齢は2〜10歳で、記述は全て共に活動に参加した母親によるものである。

　親による自由記述文の中で、前回またはそれ以前に比べ、子どもの変化や発達についての気づきを記していると判断できる文章を抽出した。次に、それらを切片化し、意味が読み取れる最小単位の言葉や文章を「コード」として抽出し説明する概念を付与した。さらに、内容の類似性に従い分類して共通性からカテゴリーを生成した。抽象度を増すために同様の作業を繰り返し、最終的に上位カテゴリーとして内容の主題を命名した。

　コードが抽出された段階で、実践活動に参加したスタッフ1名（ムーブメント教育指導者資格保持者）が分析に加わり、それぞれ別に行った評価を合わせることにより、分類結果の正当性を追求した。具体的には、筆者がコード、カテゴリーに概念を付与する行程の度に、カテゴリー名と内容をスタッフが確認し、2名で見解が統一するまで討議し合議による分析を行った。また、それらと参与観察、映像による記録とを照らし合わせて事例の詳細把握の補足資料とした。

　参加者には、事前に研究の主旨や方法、個人情報の保護、同意の撤回に関する事項を文書にて説明し、同意を得た。データ分析の作業においては、コード化し個人を特定できないように配慮して用いた。

2.3.2 結果と考察

　発達障がい児の親が「創造的身体表現遊び」を通して残した記述のうち、子どもの変化や発達に関する気づきとして抽出されたコード数は、229であり、それらをカテゴリー化した結果、肯定的な変化を示す【身体運動能力の向上】、【コ

ミュニケーションの充実】、【自尊感情の高まり】の３カテゴリーと【否定的な変化】の４カテゴリーが抽出された（表２-10）。

　以下、カテゴリーを【　】、サブカテゴリーと下位カテゴリーを［　］、代表的なコードを〈　〉で示す。コードの事例は、親の記述を可能な範囲で忠実に反映した。

　生成された４つのカテゴリーは、【身体運動能力の向上】（N＝76）、【コミュニケーションの充実】（N＝76）、【自尊感情の高まり】（N＝65）、【否定的な変化】（N＝12）で、全体のコード数に対する出現比率を算出すると、【否定的な変化】が5.2％と少なく、その他の肯定的な変化を示す３カテゴリーは、それぞれ28.4～33.2％で同等であった。

　【身体運動能力の向上】のサブカテゴリーでは、［時間・空間意識の向上］（n＝20）、［身体表現力の向上］（n＝19）、［身体意識の向上］（n＝14）が多かった。「創造的身体表現遊び」のプログラムには、ムーブメント教育を基盤にすることから、発達的視座に基づく基本的な運動課題が組み込まれている。それらに加えて、ダンスや創造的な要素が強化されたことにより、［模倣の獲得］や［創造的な身体表現への挑戦］を通して、動きのバリエーションが増えており、発達障がい児の身体運動能力の発達をより促進するのではないかと考えられる。

　特に、2.2の【研究２-①】で提示したように、他者との位置関係や集団における空間利用が多様にアレンジされていることが「創造的身体表現遊び」の特徴であり、その結果、個人や一対一の関係では得ることのできない体験を重ね、〈サーキットプログラムの流れを理解して待つことができるようになってきた〉や〈輪になって移動するときも左右を間違わないようになってきた〉といった時間や空間の概念の育ちにつながったと考えられる。

　また、「創造的身体表現遊び」においては、集団の活動においても個々の発達段階に適した運動課題を提供し、小林（2006）が唱える「変化のある繰り返し」のあるプログラム展開を軸にしており、子どもたちはスモールステップで活動に取り組むことができる。よって、親自身が活動を継続する中で、子どもの発達的変化に自然と気づき、身体運動能力の小さな伸びをも見逃さず意識することが可能となっていると考えられる。その他のサブカテゴリーにおいても、親が、〈しっかりロープを掴むことができるようになった〉等の発達障がい児の小さな変化

表 2-10 親からみた「創造的身体表現遊び」における発達障がい児の変化

カテゴリー (N)	サブカテゴリー	下位カテゴリー	(n)	コードの事例
身体運動能力の向上 (76)	身体意識の向上		(14)	身体部位の指示による課題（頭をフープの中に入れて）等）ができた。
	バランス能力の向上		(7)	片足立ちができるようになった。
	技巧の向上		(5)	しっかりロープを掴むことができるようになった。
	時間・空間意識の向上	空間認知・方向性の確立	(15)	輪になって移動するときも左右を間違えないようにできるようになった。
		時間の概念の獲得	(5)	サーキットプログラムの流れを理解して待つことができるようになった。
	身体表現力の向上	模倣の獲得	(11)	模倣して動くことが理解できたようだ。
		創造的な身体表現への挑戦	(8)	「好きな動物になって動く」課題では、自分なりの表現ができた。
	知覚運動連合の向上		(6)	音に合わせて動き、色を選んで進む等の課題が解るようになってきた。
	持久力の向上		(5)	最初から最後まで活動できるようになってきた。
コミュニケーションの充実 (76)	他者とのやりとりの増加	親とのやりとり増加	(20)	私（母親）の声かけに反応することが多くなってきた。
		きょうだい児とのやりとり増加	(4)	兄妹で一緒に遊ぶ場面が増えた。
		他児とのやりとり増加	(15)	友だちとタイミングを合わせて一緒に動くことができるようになった。
		リーダー・スタッフとのやりとり増加	(19)	リーダーに気に入った遊びを要求するときのサインがはっきりしてきた。
	場の理解・状況把握		(10)	走り回っているだけのようだが、活動全体の展開は把握していた。
	迷惑行動の減少		(8)	周囲に危害を加えたり迷惑をかけたりすることが少なくなった。
自尊感情の高まり (65)	有能感や意欲の増加		(18)	自信がつき、新しいこととても自分から挑むようになった。
	達成感や満足感の増加		(11)	褒められることや認めてもらうことが増え、満足そうな表情をした。
	自己意識の高まり		(8)	名前を呼ばれたのをしっかりとわかって、嬉しそうに返事をした。
	安心できる居場所の確立		(15)	以前はなかなか部屋に入ることができなかったが、今では居心地がよさそうだ。
	回復力の向上		(5)	パニックを起こしても切り替えて短時間で復活できるようになってきた。
	快活な気分の維持		(8)	よく笑うようになった。表情が明るくなった。
	参加度の低下		(3)	まじめに取り組むことができなくなった。
否定的な変化 (12)	心理的不安定・自傷行為		(3)	パニックを起こして泣いてしまい、集団活動に復活できなかった。
	他者関係における困難		(2)	他児とのかかわりを避けるようになってしまった。
	こだわりの増加		(2)	部屋の電気のスイッチが気になり、点灯消灯を何度も行い迷惑をかけた。
	迷惑行為の増加		(2)	興奮して他児を叩いたり押したりすることが増えてきた。

注：（　）内は、コード数。総数は229。

から［技巧の向上］に気づいたり、〈片足立ちができるようになった〉等、毎回の活動で繰り返し取り組む運動課題における進展を確実にとらえたりしていることが明らかになった。

【コミュニケーションの充実】のサブカテゴリーでは、［他者とのやりとり増加］が最も多く（n=58）、その下位のカテゴリーにおける内訳は、［親とのやりとり増加］（n=20）、［リーダー・スタッフとのやりとり増加］（n=19）、［他児とのやりとり増加］（n=15）、［きょうだい児とのやりとり増加］（n=4）となっている。

発達障がい児は、その多くがコミュニケーションに困難を抱えており、母親にとっても常に問題意識を持っているので、「創造的身体表現遊び」において、子どもが場にうまく適応し他者と一緒に参加する様子に気づきやすいと言えるだろう。実際に、「創造的身体表現遊び」の活動中に我が子が他者とスムーズにやりとりをしている様子と学校や家庭での様子とを比較して驚く保護者の記述が複数残されている。

また、「創造的身体表現遊び」は受容的な遊びの場であり、強制も排除もされずに子どもが自分なりのペースで活動に参加することが可能となるが、例えば、自然と全体の流れに加わっていく我が子の行動から、〈走り回っているだけのようだが、活動全体の展開は把握できていた〉と、［場の理解・状況把握］の力がついていることに気づいている。さらに、集団活動において〈周囲に危害を加えたり迷惑をかけたりすることがなくなった。〉という気づき［迷惑行動の減少］は、良好なコミュニケーションが成立している結果と考えることができるだろう。

【自尊感情の高まり】では、［有能感や意欲の増加］（n=18）、［達成感や満足感の増加］（n=11）のサブカテゴリーが多く抽出された。「創造的身体表現遊び」の活動においては、発達障がい児が喜びや満足感、達成感を表す場面が多く見られ、親やスタッフの感想にもそれらの言動に関する気づきが多く残されている。

親の報告によると、園や学校では苛立ちや不安感を表す発達障がい児も多く、中には自己否定を繰り返す者もあり、心配されている。「創造的身体表現遊び」においては、それらとは対照的な姿として、〈名前を呼ばれるのをしっかり待つようになり、嬉しそうに返事をした〉等の気づきに代表されるような［自己意識の高まり］（n=8）も見られる。「創造的身体表現遊び」には、一人ひとりが表

現や存在そのものが尊重され、〈居心地がよさそう〉にリラックスして場に身を置く子どもの様子に、親たちは［安心できる居場所の確保］（n＝15）が実現したことに喜んだのだろう。

発達障がい児支援において、二次的な障害として「自尊感情の低下」への対策が重要な課題になっており、実際にこの点に関する効果を期待して「創造的身体表現遊び」の活動に参加していると明言する親の記述も見られた。

さらに、継続的に参加した発達障がい児に関しては、親は、〈パニックを起こしても切り替えて短時間で復活できるようになってきた〉様子に、［回復力の向上］（n＝5）を見いだしたり、〈よく笑うようになった。表情が明るくなった〉と［快活な気分を維持］（n＝8）している状態を確認したりしている。

2.4　小括——発達障がい児支援における「創造的身体表現遊び」の可能性（仮説設定）——

本章においては、筆者らによる実践プログラムを整理し、その特徴を明らかにすることで、発達障がい児支援における「創造的身体表現遊び」の可能性を見いだすことをねらいとした。

【研究2-①】では、対象となる60のプログラムについて、活動の背景や概観を整理した上で、テーマの分類やプログラム実践の基本的な流れや型についてまとめた。また、ムーブメント教育の理論を基盤とした達成課題が含有されていることを確認した。さらに、特徴的なプログラム6つを選択し、参加した発達障がい児の様相を含めて内容を明らかにした。

【研究2-②】では、【研究2-①】を受けて発達障がい児支援における適用の可能性について明らかにするために、親の気づきに着目した。すなわち、発達障がい児の親が「創造的身体表現遊び」を通して残した記述の中から、子どもの変化や発達に関する気づきを抽出し、カテゴリー化を試みた。その結果、発達障がい児支援における「創造的身体表現遊び」の効果として、【身体運動能力の向上】、【コミュニケーションの充実】、【自尊感情の高まり】の3点が見いだされた。

【研究2-②】で示された発達障がい児の変化は、あくまでも親自身の主観的な記述をもとにした知見であり、当然、親の観察力の差や子育てに対する意識が影響し、特に我が子への期待を反映した気づきになっていると考えられる。また、匿名の形式ではないことが、【否定的な変化】を残しにくく、その数の少なさに影響した点も考慮しなければならない。

　しかしながら、特に発達障がい児の育ちに主にかかわり、多くの問題を共有し困難に直面しているのは母親である。親子参加型の活動として実施した「創造的身体表現遊び」に主体的に継続して参加した母親が、我が子に関して得た気づきから、本研究の仮説を導き出すことは妥当であると考えられる。

　本章においては、【研究2-①】と【研究2-②】の結果から、発達障がい児支援における「創造的身体表現遊び」の特徴と可能性として、次の3点を挙げる。

　(1)「創造的身体表現遊び」は、発達障がい児が主体的に「動きたくなる」環境を提供し、発達障がい児の身体運動能力の発達を促進する。
　(2)「創造的身体表現遊び」は、集団で活動する場面や他者とのやりとりを促す活動が多く、発達障がい児のコミュニケーション能力の向上に機能している。
　(3)「創造的身体表現遊び」は、喜びや満足感、達成感、意欲の向上を支える要素が強く、発達障がい児の自尊感情の低下を防ぐ効果がある。

　本研究において、これらを実践から得られた仮説として取り扱い、続く、第3章、第4章、第5章において検証することとする。

（註）本章では、大橋さつき（2008）『特別支援教育・体育に活かすダンスムーブメント～「共創力」を育み合うムーブメント教育の理論と実際』、小林芳文・大橋さつき（2011）『遊びの場づくりに役立つムーブメント教育・療法－笑顔が笑顔をよぶ好循環を活かした子ども・子育て支援』におけるムーブメント教育』に掲載された実践プログラムを一部修正して活用した。

第 3 章 「創造的身体表現遊び」における自閉症スペクトラム障がい児の身体運動能力の拡大

3.1 背景と目的

　発達障がい児の支援においては、従来、身体運動面からのアプローチよりも、教室等での学習や社会適応、対人関係にかかわる問題に注目が集まり、他者や集団に迷惑をかける行動を減らすための対策に力が注がれてきた。しかし、LD 児（学習障がい児）が健常児に比べて運動面であきらかに困難を抱えていること、特に、鉄棒やボール遊び等の身体全身を使用した「粗大運動の困難さ」、手先の不器用さ等の「微細運動の困難さ」、整列、行進からはずれやすい等の自分と周囲との位置関係や方向性の困難さ（「身体意識の未熟さ」）等が明らかになっている（小林, 2001）。「不器用さ」は LD を論じる際の重要な概念であるにもかかわらず、発達の土台にかかわる感覚機能や知覚機能等を取り入れた身体運動のかかわりに目を向ける支援や研究は未だ十分とは言えない。

　また、ADHD（注意欠損多動性障害）のある子どもの中にも運動することが苦手な子どもが多く、特に、ボール運動のような目と手、目と足を使った知覚運動に遅れのあることが以前から指摘されており、感覚運動機能を促す支援が求められてきた。さらに、ADHD 児の中には大勢がかかわる身体活動を嫌う傾向もあり、そのため、参加できる身体運動の場面が限定され、個人指導のような支援が主流となっているが、集団による身体運動の場面に参加できないことは、仲間関係や集団での学び合いの機会を奪い、活動の興味や意欲を失うことになりかねないとの指摘もある。

　ASD 児（自閉症スペクトラム障がい児）に共通する特徴として、主に対人関係面や社会性の課題を抱えていることが知られている。ASD 児の中には、感覚の過敏さを持ち合わせているため、感覚刺激の防衛反応として、他者の身体に触れたり騒がしい音を聴いたりすることを極端に避け、集団活動に参加することを躊躇して、他者とかかわる機会を得られないままの子どもも多数存在する。また、

ASD児の多くが身振りやジェスチャーを使用しないという現象として、模倣能力の弱さ（DeMyer, 1976）や空間関係を知覚することの困難さ（Arnheim et al, 1973）、身体図式（body schema）の未熟さ（Wing, 1975；神園, 1998）等、身体の認識力やシンボル・表象機能の問題（Ohta, 1987）と絡めた研究の中で論じられてきたが、一方で運動企画力の障害（Ayres, 1978）、協調運動の弱さ（Leary & Hill, 1996）等、各種の運動能力や身体機能の問題と絡めて身体意識の弱さを指摘した報告もある。

　一方、ムーブメント教育の祖であるFrostig（1970；1976）は、「人間の運動発達が認知機能や情緒機能など他の諸機能と強い結びつきがあり、子どもの発達にとって必要な身体運動経験を遊びのプログラムとして実施することにより、身体・運動面での発達だけでなく、知的発達や情緒面の発達を促進することができることを指摘してきた。Frostigの理論を受け、小林らは、発達障がい児を対象とした身体協応性の調査を通して、中枢神経活動の促通と抑制のために豊かな身体運動が必要であること、運動の楽しい経験が脳の機能を活性化すること、遊びの要素により家庭や教育の現場での継続実践が可能であること等を強調し、発達障がい児の身体運動面の支援におけるムーブメント教育の有効性を論じている（小林, 2001；小林・是枝, 2005）。第2章で論じてきたように筆者が実施してきた「創造的身体表現遊び」のプログラムには、小林-Frostigによるムーブメント教育を基盤にすることから、発達的視座に基づく基本的な運動課題が組み込まれている。それらに加えて、ダンスや創造的な要素が強化されたことにより、動きのバリエーションが増えており、発達障がい児の身体運動能力の発達をより促進するのではないかと考えられる。よって、本章では、第2章の〈仮説1〉を受けて、発達障がい児の身体運動能力の拡大の視点から、「創造的身体表現遊び」の実施プログラムの効果を検証する。

　特に、筆者は、「創造的身体表現遊び」の実践を通して、発達障がい児の空間関係把握能力と運動能力に関係性があり、「創造的身体表現遊び」はそれらの発達を促すとの仮説を得てきた。例えば、一対一の個別活動では、基本的なダンスムーブメントプログラムの実施が可能な状態であった発達障がい児が、円形になった集団の中で行うと、不器用な動きや動くことを躊躇する様子を観察した。また、集団プログラムにおいて、リーダーとの位置関係が個別活動時より離れたり直面できなくなったりすると、既に達成していた動作模倣の課題に戸惑い、リー

ダーの動きに従って運動遂行ができずに活動全体に参加できなくなる動作を多く目にしてきた。先行研究においても、発達障がい児は、学校の朝礼でうまく整列ができなかったり、部屋の中での位置関係が解らなかったりする傾向があり、これらは、彼らが自分の身体を取り巻く環境を把握し構造化された空間としてとらえることに困難を示しているために起こるとみられている（是枝ら, 1997）。その一方で、活動を継続してきた発達障がい児の中には、これらの空間関係把握の問題が改善され、同時に集団プログラムへの適応性が高くなり、高度な運動課題を達成する者も多く見られ、教育の可能性が示唆された。

そこで、本章では特に、空間関係把握能力の向上に着目して、「創造的身体表現遊び」における発達障がい児の身体運動能力の変化について明らかにする。

3.2 方法

3.2.1 対象

20XX年1月（活動開始時）から20XX＋3年1月（活動終了時）までの3年間に実施した「創造的身体表現遊び」（計26回）（参照：表2-1-1、2-1-2の通し番号1～21、23～27）に継続的に参加したASD児3名を対象とする。

なお、現在、広汎性発達障害、自閉症、アスペルガー症候群等の診断名はなくなり、すべて自閉症スペクトラム障害（ASD）で統一される動きである。本研究においては、対象児の総称としては、ASDを用いるが、個別の表記については、活動当時の診断名を用いる。対象児は3名全員が男児である。

3.2.2 検査内容及び手続き

(1) MEPA-R

MEPA-R（Movement Education and Therapy Program Assessment-Revised, 小林, 2005）は、運動スキルや身体意識の診断のみでなく、心理的諸機能、情緒・社会性の発達特性を把握し、適切な教育・療育プログラムを準備する手がかりを得るためのアセスメントとして、活用されており、運動活動の内容を段階系列化してプログラム編成に役立てられるように、3分野（ⅰ運動・感覚、ⅱ言語、ⅲ

表3-1　MEPA-Rの構成要素（分野・領域・内容）

分野	領域	内容
運動・感覚	姿勢	非移動、主に静的な活動
	移動	物を媒介としない主に動的な活動
	技巧	物を媒介とする操作性
言語	受容言語	語い、関係用語、比較用語、指示の理解等
	表出言語	語い、関係用語、比較言語の表出等
社会性（情緒を含む）		主に対人的な反応や対人関係

情緒・社会性）6領域（①姿勢、②移動、③操作、④受容言語、⑤表出言語、⑥情緒・社会性）で構成されている（表3-1）。

　年齢で0～72か月までの範囲で項目を系統化し、その中を以下のような7ステージに分割しステージ内での各段階でアセスメントを行うようになっており、日常の行動で把握できる項目をチェックすることで、対象児がどの段階に位置するのか知ることができるようになっている（表3-2）。

　MEPA-Rでの運動発達の第一の節は、「原始反射」が支配する運動であり、これは、定頸と寝返りの状態で見極める（第1ステージ）。第二の節は、「歩行の準備」の機能であり、これは子どもの座位姿勢と四つ這い位、そして腹這い移動、起き上がりなどの平衡反応、水平・垂直移動が可能かどうかがポイントになる（第2ステージ）。第三の節は、「歩行」の機能が確立してくるかどうかで、立位での立ち直りと身体支持機構で見極めらる（第3ステージ）。第四の節は、「粗大な運動」の機能が発揮されているかどうかで、歩く、走る、越える、跳ぶなどの簡単な運動で見極められ、両側運動機能の段階とされる（第4ステージ）。第五の節は、「微細運動」が発揮できる運動機能の段階であり、粗大運動から微細運動の流れに入っていることを示す段階で、爪先で立てるか、片足立ちバランスの運動ができるかなどがその見極めのポイントとなる（第5ステージ）。第六の節は、「知覚運動」の可能な節であり、これは感覚と運動が連合できるかどうかでその発達を見極められる（第6ステージ）。第七の節は、「複合応用運動」の機能が発揮できるかどうかで、これは創造的運動や細かな運動や高度なバランス運動などがその見極めのポイントとなる（第7ステージ）。

　また、ひとつひとつの項目をそのまま達成課題とし活動案を提供する指導マ

表3-2　MEPA-Rの運動発達ステージと発達課題

ステージ	月齢	発達課題
第1ステージ （反射支配ステージ）	0～6か月	反射性成熟と抑制、首の坐り、定頸の促進、寝返りの促進
第2ステージ （前歩行ステージ）	7～12か月	立ち直り反射、平衡反応の誘発と促進（坐位・四つ這い位） 水平移動促進（腹這い・手這い） 垂直運動促進（起き上がり・つかまり立ち）
第3ステージ （歩行確立ステージ）	13～18か月	立位での平衡反応の促進、一人立ちの促進、一人歩きの促進 ローガード歩行の促進、抗重力運動の促進
第4ステージ （粗大運動確立ステージ）	19～36か月	多様な姿勢・動作変化の促進 初歩的な統合運動の促進、片側性運動の促進
第5ステージ （調整運動ステージ）	37～48か月	調整力の促進、手操作運動の促進 足指運動の促進、優位性運動の促進
第6ステージ （知覚運動ステージ）	49～60か月	微細運動（指対立運動）の促進、連合運動の促進 創造的運動の促進、課題意識運動の促進
第7ステージ （複合応用運動ステージ）	61～72か月	複雑な創造的運動の促進、複雑な連合運動の促進 複雑な両側性運動の促進

ニュアル（小林, 2006）も準備されており、プロフィール表やクロスインデックス表の活用によって、アセスメント・計画・実施の循環的なプロセスに基づいた具体的なプログラムの確立が可能となっている。

　各項目についての評定の基準は、反応や行動が明らかに観察できた場合は（＋）、反応や行動が見られない場合は（－）とし、さらに、芽生え反応として、その反応や行動がもう少しでできそうな場合や時々できる場合は（±）とする。プロフィール表においては、できた項目の欄は塗りつぶし、できなかった項目は空欄、芽生え反応の項目は、▲に塗る。

　活動開始時と活動終了時に対象児らのMEPA-Rを再測定し、活動開始時の測定結果と比較し、プロフィール上の変化を確認する。また、MEPA-Rにおけるクロスインデックス表を用いて、①運動・感覚領域の身体意識項目、②言語・社会性の身体意識項目、③調整項目、④筋力・持続力項目における達成率の変化を確認する。

　また、MEPA-R評定時の総合所見や筆者のフィールドノーツおよびVTRにおける記録から、対象児の活動中の様子や変化の概観について補足的にまとめる。

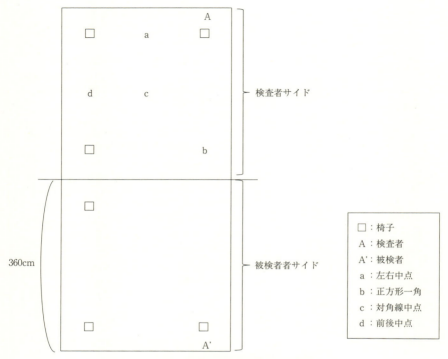

図3-1　空間関係把握検査の実施図

(2) 空間関係把握検査

検査の目的：空間における位置関係把握のための能力、特に、複数の対象を空間で同時的に定位する認知能力を評価する。

検査の方法、手続き：平面の床をPE（ポリエチレン）テープとコーナーポストで正方形（360cm×360cm）に仕切り、3つの角に椅子を配置し、向かい合う状態で線対称に同じ正方形の空間を配置する（図3-1、□：椅子）。

被検者に空間が鏡映で同じ空間であることを説明して、椅子の位置を確認させ、検査者の座った椅子と線対称で同じ椅子に座ることができるようになるまで練習する。

検査者はAの椅子を拠点とし、そこからそれぞれの課題点abcdに移動する。被検者には、鏡映の状況下で検査者と同じ空間に立つように指示する。検査者が移動する間、被検者はA'の椅子で目隠しをして待つ。移動する4つの課題点は、

「a：左右中点」、「b：正方形一角」、「c：対角線中点」、「d：前後中点」とする。

　空間関係把握検査の詳細な評価は、4つの課題点において、「正確な位置に立つことができる：2点」、「ほぼ正しいが、微調整が必要である：1点」「かなりずれている、理解ができない：0点」で評価するもので、粗点は、0点～8点となる。

3.2.3　倫理的配慮

　対象児の保護者へは、事前に、研究の主旨、方法、個人情報の保護、同意の撤回に関する事項を文書にて説明し、同意を得た。ただし、発達の様相や場面の解説については、内容の本質が損なわれない範囲で一部加工し、個人が特定できないように配慮して用いる。また、実施した月日から対象が特定されないよう工夫するため、西暦を20XX年とし、一年後を20XX＋1年と表記する。

3.3　結果

3.3.1　MEPA-Rによる測定結果から

(1) A児
〈開始時のアセスメント〉

　自閉症。活動開始時、5歳7ヶ月。MEPA-Rは、運動・感覚分野では、第6ステージ（49～60ヶ月）に多くの芽生え反応があったが、言語と社会性の領域においては、第3ステージ（13～18ヶ月レベル）までしか到達しておらず、その偏りが特徴であった（図3-2）。

　第6ステージの姿勢の項目「P-25：同じ姿勢がとれる。（一方の手を上げ、他方を横に伸ばす）」「P-26：同じ姿勢がとれる。（片手で反対側の耳をおさえる。）」が全て（±）（芽生え反応）であった。同じく第6ステージの移動の項目も、「Lo-25：急に止ったり、方向を変えることができる（鬼ごっこ遊びなど）」、「Lo-26：平均台の上を歩ける。」「Lo-27：あおむきの姿勢から気をつけの姿勢のままでの起き上がりが早くできる。」の全てが（±）であった。言語分野においては、受容言語は第4ステージ（19～36ヶ月レベル）に（－）（未到達）の項目

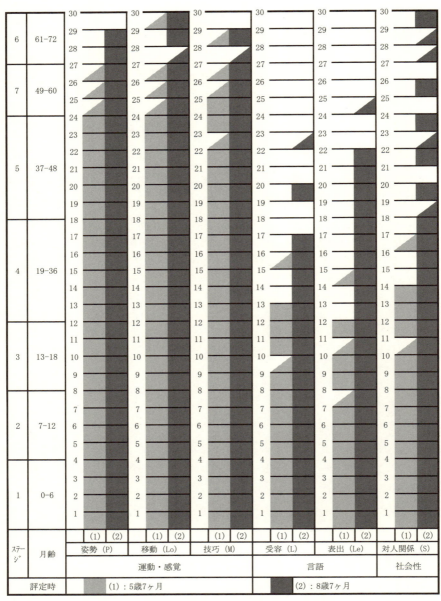

図3-2　A児のMEPA-Rプロフィール表

が多くあり、「L-14：『あんよをあげてごらん』『おててをあげてごらん』の指示に従える。」、「L-15：髪・歯・舌（ベロ）・へそ・つめを指すことができる。」、「L-17：長い、短いがわかる。」が（－）、「L-16：大きい、小さいがわかる。」が（±）であった。また、第4ステージの社会性の項目「S-15：まねをして遊ぶ。」も（－）であった。

〈終了時のアセスメント〉

終了時、8歳7ヶ月では、姿勢の項目で開始時に芽生え反応（±）であった項目に加え、「P-28：片足で立ち、そのまま体を傾けて飛行機のようにしても、倒れないでいられる。」、「P-29：ことばの指示による姿勢がとれる。（左手で右足を押さえ、右手で左足を押さえる）」が（＋）となった。移動の項目でも、開始時に芽生え反応（±）であったものに加え、「Lo-29：平均台の上を後ろ向きに歩ける。」、「Lo-30：両手足を床についた熊歩き姿勢で、後方にまっすぐ移動できる。」が（＋）となった。

また、言語の項目では、特に表出言語に発達が見られたのが特徴的である。社会性の項目の「S-24：友だちといっしょにおぼんの上にものをのせて運べる。」や「S-30：スカーフ（新聞紙）の上に風船をのせて2人で落とさずに運ぶ。」等の多くの未到達項目が（＋）となり、その他の第7ステージの項目にも芽生え反応が現れた。

〈クロスインデックス表による達成率の変化〉

①運動・感覚領域の身体意識項目では、開始時78.3％であった達成率が、終了時には95.0％で、②言語、社会性領域の身体意識項目では、34.5％から65.5％に、③調整力項目では、82.9％から94.7％に、④筋力・持久力項目では、55.3％から95.2％に変化した（図3-3）。

〈身体運動面における変化の概観〉

開始時、多動の傾向が強く常に部屋の周りを走り回っている印象で集団活動には参加できなかった。一方で、トランポリンや平均台の活動においては高いバランス能力を示し、積極的に動く様子が観察された。活動開始から半年ほどして、自身の動きに合わせて、他者（リーダー、または集団全体）が動くことに興味を

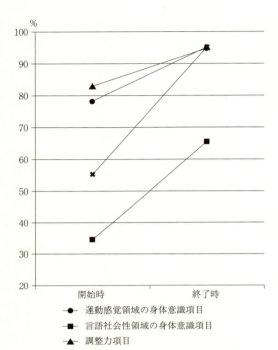

図 3-3　A児のクロスインデックス表による達成率

・運動感覚領域の身体意識項目
・言語社会性領域の身体意識項目
・調整力項目
・筋力・持久力項目

持ち始め、音楽に合わせて走ったり止ったり、遊具を動かしたりする活動を楽しむようになった。次第に集団活動に参加する度合いが増え、サークルダンスやペアダンスの活動にも安定して参加するようになり、動作模倣の課題がスムーズに展開できるようになった。特に、静的バランスの課題（片足立ちやV字バランス等）において、見本となる大人の動きをじっくりと見ながら集中して挑戦する姿に変化が見られた。

また、開始時は、発語はあるものの言語面での意味のあるやりとりはほとんど見られなかったが、身体模倣の活動の充実と比例して、身体部位を確認しながらのダンスムーブメント等では言葉の指示で身体部位を指すことができるようになったり、前後左右の言葉によって移動したり姿勢を取ったりする課題にも参加できるようになった。

さらに、終了時には、移動やバランスの能力の高さに加え、活動全体の流れやサーキットプログラムのコースを理解できるようになり、落ち着いてじっくりと課題に取り組む様子が見られた。見通しを持って順番に複数の活動を進めていくことや自分の番を待つことなど、開始時には全く見られなかったことができるようになっていた。

(2) B児

〈開始時のアセスメント〉

広汎性発達障害。開始時、6歳2ヶ月。MEPA-Rでは、運動・感覚分野は、

第5ステージ（37〜48ヶ月）の発達レベルにあるが、言語、社会性は、第3ステージ（13〜18ヶ月）の発達レベルと低かった（図3-4）。

運動・感覚の分野では、姿勢の領域において、第4ステージ（19〜36ヶ月）、第5ステージ（37〜48ヶ月）の発達レベルにおいても、「P-21：閉眼片足立ちが一瞬できる。」が（±）、「P-22：頭の上に週刊誌をひろげて落とさずに数歩、歩ける。」が（−）等、未到達の項目があった。また、「P-20：同じ姿勢がとれる。（頭を押える等の単一動作の模倣）」が（−）、「P-24：ぞう、とり等の動物の姿勢のまねができる。」が（±）、技巧の「M-24：積木で簡単なものをまねして作れる。」が（−）となっており、模倣能力に困難があることを表していた。さらに、受容言語の項目「L-9：『おててはどれ』『あんよはどれ』とたずねると、手・足を出す。」が（±）、技巧の項目「M-13：スプーンをひっくり返さないで、口のところへ持ってゆく。」が（−）で、基本的な身体部位の認識ができていないことが明らかになった。

〈終了時のアセスメント〉

終了時、9歳2ヶ月の評定をからは、A児同様、言語、社会性の領域の伸びが著しかった。それらに続き、姿勢の領域では、第5ステージ（37〜48ヶ月）の発達レベルまで到達し、第6、第7ステージにおいても、（＋）または（±）の評定であった。「P-20：同じ姿勢がとれる。（頭を押える等の単一運動の動作の模倣）」、等の項目が全て（＋）となり、動作模倣の能力の拡大を示している。さらに、「P-23：閉眼片足立ちができる。（2秒以上）」や「P-28：片足で立ち、そのまま体を傾けて飛行機のようにしても、倒れないでいられる。」、「P-30：床に座って、おしりでV字バランス姿勢ができる。」等の項目が（＋）になっており、静的バランス能力の高まりが見られる。さらに、「P-23：頭の上に週刊誌をひろげて落とさずに数歩、歩ける。」や「P-24：ぞう、とり等の動物の姿勢のまねができる。」等、応用的な課題を含む項目でも（＋）となった。

また、移動の項目においても、「Lo-27：あおむきの姿勢から気をつけの姿勢までの起き上がりが早くできる。」が（±）から（＋）に、「Lo-28：補助輪つきの自転車にのることができる。」が（−）から（＋）になった。

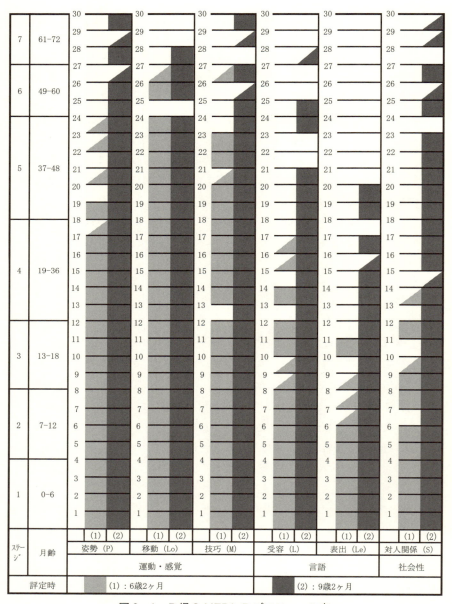

図3-4　B児のMEPA-Rプロフィール表

〈クロスインデックス表による達成率の変化〉

①運動・感覚領域の身体意識項目では、開始時68.3%であった達成率が、終了時には88.3%で、②言語、社会性領域の身体意識項目では、27.6%から67.2%に、③調整力項目では、63.2%から88.2%に、④筋力・持久力項目では、71.4%から92.9%に変化した（図3-5）。

〈身体運動面における変化の概観〉

開始時は、母親やきょうだい児の傍から離れることができず、集団の活動に自分から入って来る様子は見られなかった。発語はほとんどないが、課題を理解し指示どおりに動くことはできるが、自分から活き活きと動くということがなく、一貫してゆっくりとした鈍い動きを示していた。

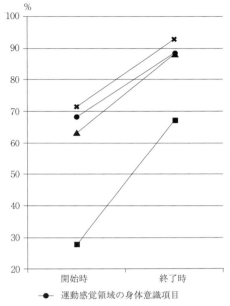

図3-5　B児のクロスインデックス表による達成率

一年ほどかけて少しずつ活動に慣れてきたという印象があるが、中盤以降は、特定のリーダーを介してではあるが、母親やきょうだい児から離れて集団活動に積極的に参加する様子がうかがえた。また、次第に表情が豊かになり、他者と見つめ合って微笑む様子や自分の希望が通らないと大きな声を出して激しく動く姿も見られるようになった。終了時でも、直接的に他児にかかわる様子はほとんど見られなかったが、集団の活動を通して他児の動きに興味を示したり、観察して模倣したりすることが多くなった。

ダンスムーブメントの繰り返しの活動においては、姿勢維持の力が向上し、安定した移動ができるようになっていることがうかがえた。また、遊具と主体的にかかわって動くことが増え、くぐる、またぐ、飛び乗る、ぶら下がる等、様々な

姿勢や移動のバリエーションが増え、活発に動く様子が見られた。

(3) C児
〈開始時のアセスメント〉
　広汎性発達障害。活動開始時、5歳6ヶ月。MEPA-Rでは、概ね、運動・感覚分野は、第4ステージ（37～48ヶ月）の発達レベルにあるが、言語、社会性の分野においては、第3ステージ（13～18ヶ月）に到達しようとする段階で、いくつかの項目に（−）評価があった（図3-6）。

〈終了時のアセスメント〉
　終了時8歳6ヶ月。第5ステージ（37～48ヶ月）の運動・感覚分野の項目が多く（＋）になった。姿勢の項目では、「P-25：同じ姿勢がとれる。（一方の手を上げ、他方を横に伸す」や「P-27：ブランコを立ち乗りして、ひとりでこぐことができる」の項目が（−）から（＋）になった。移動の項目は、「Lo-20：直線の上を踏み出さないで歩ける（幅10cm）」、「Lo-21：片足でケンケンが数歩できる。」、「Lo-24：直前の上を踏み出さないで後方に歩ける（幅10cm）。」等は（＋）になった。「Lo-22：スキップができる。」は（±）でもう少しで（＋）評価になるレベルであった。技巧では、「M-22：はずむボールをつかまえる。」、「M-24：積木で簡単なものをまねして作れる。」、「M-26：自分でおしりをふくことができる。」等の項目が（＋）となった。
　受容言語の項目では開始時に第4ステージ（37～48ヶ月）の項目は全て未到達であったが、「L-13：目・耳・口・手・足・鼻を指すことができる。」、「L-14：『あんよをあげてごらん』『おててをあげてごらん』の指示に従える。」「L-15：髪・歯・舌（ベロ）・へそ・つめを指すことができる。」等の項目が（＋）となり、身体部位の理解の上昇を示した。また、「L-16：大きい、小さいがわかる。」、「L-17：長い、短いがわかる。」等の項目が（＋）となり、大きさや長さの概念が形成されたことがうかがえた。

〈クロスインデックス表による達成率の変化〉
　①運動・感覚領域の身体意識項目では、開始時54.7％であった達成率が、終了時には78.3％で、②言語、社会性領域の身体意識項目では、27.6％から55.2％に、

第 3 章 「創造的身体表現遊び」における自閉症スペクトラム障がい児の身体運動能力の拡大　83

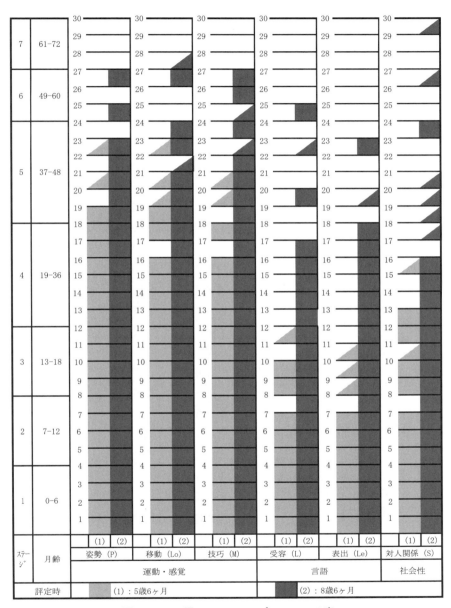

図 3-6　C 児の MEPA-R プロフィール表

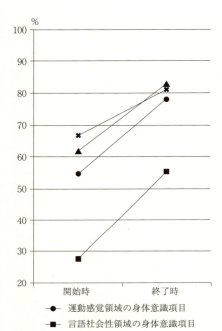

図3-7 C児のクロスインデックス表による達成率

凡例:
- ● 運動感覚領域の身体意識項目
- ■ 言語社会性領域の身体意識項目
- ▲ 調整力項目
- ✕ 筋力・持久力項目

③調整力項目では、61.8%から82.9%に、④筋力・持久力項目では、66.7%から81.0%に変化した（図3-7）。

〈身体運動面における変化の概観〉

開始時は、多動の傾向が強く高い声を上げて部屋中を走り回る様子や、身体をずっと揺らしている姿が特徴的に見られた。大人や他児との積極的なかかわりはほとんどなく、鏡や玩具など特定の物へのこだわりを示したが、他者が介入してくるとかかわりを避けるようにその場から居なくなる様子が何度も観察された。始めの頃は、集団活動に参加できる時間も短かったが、ペアのダンスムーブメントの活動において、母親との活動が充実した頃から、リーダーやスタッフとのかかわりも増え、集団の輪の中でリズムや方向性を共有して動く場面が見られるようになった。

終了時は、簡単な動作模倣の課題も可能となり、母親やリーダーと一緒であれば、サーキットプログラムの課題も順に参加できるようになった。特に、移動の能力に著しい向上があり、開始時は常にふらふらと力無く動いていたが、終了時には、ロープの上を集中して歩いたり、飛び石を踏んで進んだりする課題もクリアーしていた。集団の中で、ケンケンパやスキップの移動にも意欲的に挑戦する姿が見られた。

3.3.2 空間関係把握検査の結果から

(1) 粗点の変化

対象児らの空間関係把握検査の粗点の変化は表3-3の通りである。開始時の

表 3-3　空間関係把握検査の粗点の変化

課題点	A児 開始時	A児 終了時	B児 開始時	B児 終了時	C児 開始時	C児 終了時
a	2	2	1	2	0	1
b	0	2	0	0	1	2
c	1	2	0	1	0	0
d	0	2	0	2	0	2
計	3	8	1	5	1	5

粗点の合計は、A児が3点、B児、C児共に1点であり、斉藤（1989）の同検査おける健常児の粗点合計の平均値（5歳児：4.2（N＝17、SD＝2.3）6歳児：6.1（N＝13、SD＝2.1））に比べ、低いことが確認された。

(2) 検査結果の検討

A児の検査結果の詳細を図3-8に示した。開始時は正しく反応できたのは、課題点aのみであった。課題点b、dの反応からは、奥行きのある空間であることを把握できているが確実ではないことがうかがえる。検査者の位置を3つの椅子との関係で分析的に理解しているのではなく、検査者の相対的な見えをそのまま主たる手がかりとしているためであろう。課題点cは、3つの椅子との関係から定位する最も困難な課題とされるが、これも正確ではなく、1点の評価であった。3年後の終了時の検査では、4つの課題点に対して全て正しい位置に立つことができ満点となった。広さや距離を持つ空間を把握でき、3つの椅子との関係から検査者の位置を分析的に理解した上で自分を定位できたと判断される。

図3-9は、B児の検査結果の詳細である。粗点は開始時の1点から終了時は5点に上昇した。課題点aは、奥行きのない課題であるため、比較的容易であると判断できるが、B児の開始時の結果では、2つの椅子の間の均等な位置が取れずに1点となっている。終了時の検査では正しい反応を見せた。課題点dにおいては、開始時の検査では、前後の椅子の関係付けから均等に自分の前後の空間を取ることに困難を見せ椅子のすぐ前に立ったが、終了時の検査では正しく反応することができた。開始時には、距離や広さを持った面としての空間の把握が不足しており、点としての一つの椅子との関係で定位している傾向があったが、終

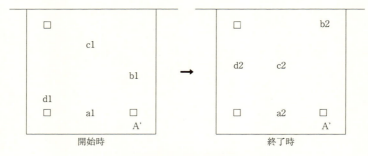

図3-8　空間関係把握検査の結果（A児）

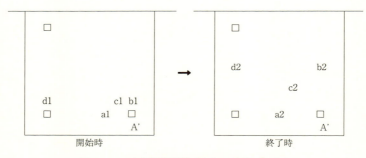

図3-9　空間関係把握検査の結果（B児）

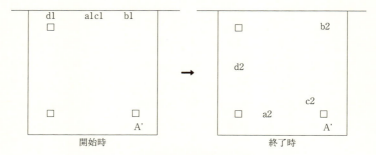

図3-10　空間関係把握検査の結果（C児）

了時には改善が見られた。

　C児の検査結果の詳細を図3-10に示した。開始児1点、終了時5点とB児と同じ粗点の変化を示しているが、誤答の内容に差がある。C児の開始時の検査結果においては、全ての項目で一番前の検査者のエリアとの境界線まで出てきて立つという反応を見せた。検査者の空間との位置関係の理解が対称なものとして理解できていなかったためか、点としての位置は理解できても、それを面としての空間の中で統合的に位置づけることが困難であったと思われる。終了時には、課題点bとdにおいて、正しい反応を示し、課題aにおいては正確に中点が取れなかったものの1点の評価を得ている。

3.4　考察

　本研究の結果を受け、発達障がい児を対象とした「創造的身体表現遊び」の効果と特徴について考察する。

3.4.1　身体意識の形成と空間関係把握能力

　空間関係把握検査においては、開始時に対象児3名共に鏡映の空間関係の理解に困難を示していた。この結果については、対象児が課題内容の意図を完全に理解できていなかったことも一つの要因として考えられる。しかし、検査時は、検査者と対象児の空間が鏡映で同じ関係になっていることを説明し、補助者と共に椅子の位置を確認させ検査者の座った椅子と線対称にある椅子に座ることができるようになるまで練習を繰り返した後での実施であったことから、空間関係理解の困難があったことは否めない。さらに、終了時の結果からは、各々に広さや距離を持つ空間に関する理解が増したことが解る。

　また、対象児3名共に、開始時のMEPA-Rにおいては身体模倣に関する項目の多くが未到達であり、身体意識において特に方向性や空間認知に関する概念の獲得がなされていなかったと考えられるが、終了時にはこれらに関する項目に変化が見られた。

　身体は空間にかかわる概念化の中心であり、空間における方向性は、自身の身体を軸とした上下前後左右の概念が基本となっている（Kephart, 1960）。Frostig

(1970) は、空間の知覚について、「人間の成長、発達が進むにつれて、時間の知覚と緊密な関係を持ちながら、人間をして実存的存在にいたらす基本的認知機能」としてとらえている。また、空間知覚のための重要な要素として、身体意識の形成を挙げている。特に、ラテラリティ（左右の優位性）と方向性の機能について強調しており、身体の内部にできあがった左右の概念を外界に投影することで、外界の対象物の位置関係を理解していくことが可能となり、自己の中心線を軸として、視覚刺激の運動方向を弁別することができると論じている。

第2章で確認したように、「創造的身体表現遊び」においては、ムーブメント教育の運動課題を土台にダンスの特性を活かして身体模倣を多く取り入れながら、身体部位の確認や身体を軸とした上下前後左右の方向性を刺激する活動が常に含まれている。また、限られたスペースであっても、ムーブメント遊具を活用することによって、例えば、フープの中、外、ロープの前、後ろ等、空間における位置関係を様々にアレンジして提供できている。このような活動の特徴が、方向性にかかわる身体意識能力の向上を促し、空間関係把握能力にも影響を与えたと考えられる。

3.4.2 能動的な運動体験を軸とした循環的なプロセス

Winnick (1979) によれば、空間関係の意識は、自分の身体部位に神経を集中する能力によって高められる。すなわち、実際の空間において、自ら対象に手を伸ばしたり、対象に近づいたり遠ざかったりして実際に動きかかわることで、空間内の他の要素に関する位置や距離を把握していくことによって、空間の概念は形成されるのである。また、Hazen (1982) による乳幼児を対象とした実験では、受身的な活動よりも能動的にかかわらせた子どもの方が、より正確に空間関係を把握して、その知識を利用することができたと報告している。Acredolo (1978) や Kermoian & Campos (1988) は、より効果的な移動能力を持つ幼児は、移動から生み出される自主的な経験を通して、より多くの空間情報を得ることができることを示した。このような論を受け、あらためて「創造的身体表現遊び」の実践内容を確認すると、子どもが自らの意志や判断に従って目標に向かい、自分の動きを統制していく活動を多く含んでいることがそれらの活動を軸にしていることに注目したい。すなわち、「創造的身体表現遊び」においては、命令や指示に

よって子どもに「〜させる」のでなく、子どもが自ら「〜したい」と主体的に動くことを重視している。本研究においても、このような理念に沿った活動に促され、対象児は主体的に動く中で、自身の身体意識や空間への注意力や把握力を向上させたと考えられる。

また、空間関係把握能力が高い発達障がい児は、運動遂行能力においても高い傾向を示し、能動的な運動体験を継続することが、発達障がい児の空間関係把握能力に影響し、そのことが運動遂行能力の向上にも関係すると考えられる（是枝ら, 2007；大橋, 2015）。本研究においては、MEPA-R の評定結果の変化（図3-2、3-4、3-6）からは、対象児3名共に伸びが見られ、クロスインデックス表の到達率の変化（図3-3、3-5、3-7）からも、身体意識や調整力、筋力・持久力の全ての項目において達成率の増加が見られた。

「創造的身体表現遊び」においては、動作模倣の課題が多く盛り込まれており、「変化のある繰り返し」を基本とする展開の中で、対象児3名共に模倣することへの理解や関心が増していった様子が見られた。MEPA-R の結果からも模倣の力が増したことが解る。模倣の課題を含む遊び活動の中で、対象児らは、意識的に姿勢を維持したり、様々な移動の動きに積極的に挑戦したりして、抗重力や加速度にかかわる多様な運動体験を得ており、自主的、能動的な活動として様々な動きを体験することで、対象児は自己中心的な位置関係や、空間における自己の身体の気づきを高めたと考えられる。そのことによって、自主的で能動的な新たな段階の運動体験を得ることができ、それらがさらなるボディシェマの形成や空間把握能力、運動能力の向上につながるという好循環の流れが示唆されるだろう。

3.5　小括

第3章では、〈仮説1〉を受け、3年間に渡り継続的に「創造的身体表現遊び」に参加した ASD 児（自閉症スペクトラム障がい児）3名を対象に、MEPA-R と空間関係把握検査によるアセスメントを実施し開始時と終了時の結果を比較した。MEPA-R においては、姿勢、移動、技巧の領域における達成項目の増加や身体意識、調整力、筋力・持久力にかかわる項目の達成率の向上が明らかになった。空間関係把握検査においても粗点の向上が見られ、空間を把握する力が向上したことが確認された。

これらの結果を受けて、「創造的身体表現遊び」のプログラムが、発達障がい児の方向性にかかわる身体意識能力の向上を促し、空間関係把握能力にも影響を与える可能性を見いだした。また、第2章でまとめた実施プログラムの内容や対象児の変化の様相、先行研究による知見を合わせて総合的に考察し、次のような見解を得た。すなわち、「創造的身体表現遊び」において遊具や他者とのかかわりから自然に生み出される能動的な運動体験が、発達障がい児の身体意識の形成を促し、空間把握能力を向上させ、より高度な身体運動能力の発達につながる、そして、その高い身体運動能力によって、さらに自主的で能動的な運動体験を得ることができ、それらがさらなる身体意識の形成や空間把握能力、運動能力の向上につながるという好循環の流れである。

（註）　本章の内容の一部は、大橋さつき（2015）「創造的身体表現遊び」における自閉症スペクトラム障がい児の空間関係把握能力の変化、日本体育学第66回大会 及び 大橋さつき（2016）「創造的身体表現遊び」における自閉症スペクトラム障がい児の身体運動能力の検討、和光大学現代人間学部紀要 (9), 41-55. において発表された。

第4章 「創造的身体表現遊び」における発達障がい児のコミュニケーション支援の実際
―― 自閉症スペクトラム障がい児の他者との相互作用に着目した分析から ――

4.1 背景と目的

　発達障がい児の特徴の一つとしては、他者とのコミュニケーションや相互作用に著しい困難があり、有意義な対人関係を築きそれを積み上げていく機会が少ないことが指摘されてきた（Robert & Lynn, 2002）。発達障がい児の場合は、「コミュニケーションの障害」と言われるほど、コミュニケーション能力に障害があり対人関係に困難さを抱えることは広く知られている。発達障がい児の自立においては、自己決定や自己選択のためのコミュニケーション能力が不可欠であると言われながら、その具体的な支援方法は未だ開発途中である。

　発達障がい児の中でも、特に、自閉症スペクトラム（Autism Spectrum Disorders: ASD；以下、ASDと略称する）は、その特徴とされる三つ組み障害（「社会的相互交渉」「（言語・非言語）コミュニケーション」「想像力」）から、社会的相互交渉の障害、とくに対人関係・仲間関係の形成という発達的な課題としてみられる。ASD児のコミュニケーション障害は、前言語期から認められ、伝達行動も含めて、対人的コミュニケーションに困難をもつことが指摘されている。具体的には、アイコンタクトや顔の表情や身ぶりを使って対人関係をつくり調整する行動が少ない、同年代の仲間と社会的関係をもつことや自分の興味のあるものを他者と共有することが難しい、話しことばがない、あるいはその発達に遅れと偏りがあり、独り言はあるがコミュニケーションを目的とした発話が少ない、流暢に話すが常同的または一方的である等、意思疎通に問題がある傾向が報告されている。コミュニケーション支援においては、障害そのものを「固定的」にとらえた研究実践が多かった。すなわち、学習スキルや生活スキルをドリル学習で教えることや、社会適応に向けて「特異」と見なされる行動だけを直接的に取り除くための対症療法的なアプローチに力点が置かれてきた。

　しかし、田辺ら（1997）は、ASD児の対人関係やコミュニケーション上の問

題や特異な行動といわれる問題は、それ自体が障害に固有で不変的なものではなく、加齢や発達過程の中で変容していくこと、認知発達レベルや対人関係と関連してその質を変えていくことを確認している。また、佐藤ら（2002）は、対症療法的な「訓練技法」への偏重は、社会的相互作用を「個人のスキル」という反応型のみに注目し、個人と環境の随伴関係を重視してこなかったことにあると指摘している。そして、近年、ようやく、発達障がい児の特異な言動を「実体」としてとらえるのではなく、「個人と環境との相互作用のあり方」の機能不全と考えて、その言動の意図・文脈・背景とを関連させて把握し、子どもの強い部分（strength）を軸に環境との相互作用のあり方を変えることで、発達が促進され、安定した適応が生み出されるというとらえ方が重視されるようになり、仲間関係や社会的相互作用に関する研究が見られるようになってきた（金・細川, 2005）。

　本来、コミュニケーションや社会性とは二者の間で初めて顕在化するものである。そう考えれば、コミュニケーションの支援は、発達障がい児本人だけに帰することはできず、発達障がい児と他者とのかかわりを支援するという視点が求められているのである。また、コミュニケーション手段として、ことばによって伝えられる内容より、身振りやジェスチャー、顔の表情や視線、身体接触やプロクセミックス（近接空間学）などの非言語（ノンバーバル）コミュニケーションによる情報の方が多いことが知られているが、発達障がい児のコミュニケーション支援は、これまで、言語指導に重点が置かれる傾向が強かった。田ノ丘・辻井（2010）は、「言葉が出ればコミュニケーションが成り立つわけではない」と指摘している。

　近年では、コミュニケーション方法の「形」ではなく、「機能」に焦点を当てたAAC（Augmentative and Alternative Communication：拡大・代替コミュニケーション）の研究も進んできた。AACは、手段に拘らずに、自分の意思を伝えることを目指しており、「しゃべることができる」ということよりも「コミュニケーションできる」ことを重視する考え方を基本としているのが特徴である（中邑, 1998）。絵カードや電子機器などのツールを用い、「聞き手（受け手）」に渡し、「聞き手（受け手）」からフィードバックを得る「交換（exchange）」によって意思伝達を可能にする方法であり、音声言語の発達を待って支援を先送りせずに、対人コミュニケーションを今すぐに実現していく手段ととらえられている。特に、最近の工学技術を取り入れた手段の工夫は大きな進展を見せている。しか

し、方法論にだけとらわれると、コミュニケーションスキルの形成自体が目標にすり替わってしまう危険性がある。コミュニケーションスキルの不足が発達障がい児と他者との相互作用に大きな影響を与えているという指摘は重要であるが、スキルを教えることだけに重点を置くと、スキルの獲得が最終的な目標になり、社会的な関係を築くことへの重要性が薄れてしまう危険性と、目標として選択された社会的スキルが大人側の価値観に基づくものであることへの指摘がなされている（Robert & Lynn, 2002）。

　一方、筆者が実践してきた「創造的身体表現遊び」においては、ASD児をはじめとする発達障がい児が継続して参加する中で、他者とかかわる場面が多く観察されるようになった。本章では、第2章で設定した「創造的身体表現遊び」が、発達障がい児のコミュニケーション能力の向上に機能しているとの仮説に基づいて、その効果や方法について明らかにすることを目的とする。

　まず、【研究4-①】において、「創造的身体表現遊び」におけるASD児の他者とのやりとりに着目した分析を行い、コミュニケーションの変容を明らかにする。【研究4-②】では、【研究4-①】において、ASD児と他者との相互作用が成立していると判断された場面を抽出し、それらの特徴を明らかにし、「創造的身体表現遊び」におけるコミュニケーション支援のあり方について考察する。

4.2　方法

4.2.1　対象

　20XX年1月から20XX+3年1月までの3年間に実施した「創造的身体表現遊び」のプログラムのうち、映像記録に不備がない回の計24回分（参照：第2章　表2-1-1、2-1-2の通し番号1～12、14～17、19～21、23～27）に継続的に参加したASD児4名（開始時5～6歳）を対象とする。なお、現在、広汎性発達障害、自閉症、アスペルガー症候群等の診断名はなくなり、すべて自閉症スペクトラム障害（ASD）で統一される動きである。本研究においては、対象児の総称としては、ASDを用いるが、個別の表記については、活動当時の診断名を用いる。対象児は4名全員が男児である。

　活動は大学と地域の連携事業として実施された親子遊びの取り組みで、活動場

所は、大学内の施設である。毎回、フリームーブメントを含めて約90分の活動を実施した。対象児の親子以外にもそのきょうだい児や健常児の親子が2～4組参加し、学生6～12人がスタッフとして共に参加した。リーダーは筆者の他ムーブメント教育の指導者資格保持者3名を合わせ4名が分担した。

発達の変容をみるため、実践プログラム第1～8回をⅠ期、9～16回をⅡ期、17～24回をⅢ期として分けてまとめた。

4.2.2 手続き

(1)【研究4-①】の手続き

実践したプログラム内容について、(ⅰ) ビデオ分析を中心に検討した。さらに、(ⅱ) MEPA-Rによるアセスメント結果、(ⅲ) コミュニケーション・シートに残された親の記述、(ⅳ) 参与観察による記録による情報を統合して取り扱った。

(ⅰ) ビデオ分析の方法

実践記録のビデオ記録を対象に、対象児の「他者との関係性」が見られる場面について、「INREAL・アプローチ」(竹田ら, 2005；里見ら, 2006) を参照し、以下のカテゴリーで映像分析を行った (表4-1)。INREAL・アプローチは、言語獲得や実用的なことばの使用に困難のある発達障がい児を対象とした臨床現場において活用されている (高橋, 2005)。本研究においては、対人的側面を重視して、コミュニケーションをことばだけでなく非言語行動やタイミング等ことばの周辺要素を含めてとらえている点と、子ども側のみに焦点をあてるのではなく、相互作用の担い手である大人も含め両者のコミュニケーション行動を評価するものである点を評価して、分析にあたって参照とした。具体的には、後藤 (1993)、石井ら (1990)、安井 (2006) を参考に、一部変更を加え、次のような分析方法を適用した。

まず、映像に残された対象児と他者のコミュニケーション行動を、表4-1が示すように「Interaction Unit (以下、IUとする)」の分析単位に区切った。それらをもとに、対象児と他者とのやりとりの関係をトランスクリプトとして図式化した (図4-1)。

トランスクリプトの作成にあたっては、対象児別に作成し、次のような記号に

第 4 章 「創造的身体表現遊び」における発達障がい児のコミュニケーション支援の実際　95

表 4-1　映像分析のカテゴリー

(a) 伝達者の入れ替わりを 1 つの IU の目安とする。
(b) 内容の同じやりとりが連続する場合、その長短にかかわらず一つの IU として扱う。
(c) 伝達者の入れ替わりがなくても異なる IU が後続した場合は、別の IU として扱う。
(d) 言語行動のみでなく、非言語的な表出行動や情動的な交流も IU として扱う。

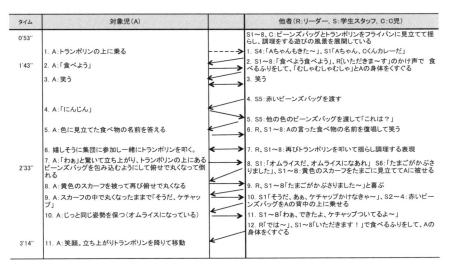

図 4-1　他者とのやりとり（トランスクリプトの具体例）

より整理し分類した。

　コミュニケーションの相互作用の開始者を対象児と他者に分け、それぞれの IU について伝達意図の有無によって区分し IU の連鎖により、表 4-3 のような 3 水準 8 タイプの水準を設定した。表記については、一方の IU の行動を相手が受けた場合は矢印で記し、その際、伝達意図のある開始については、実線、伝達意図のない行動（非伝達行動）については点線で区別した。また、相手が一方の IU に対して、何の反応も示さなかった場合、一つの IU が終わったものととらえ、矢印のない実線、点線のみで示した。明らかな拒絶があった場合には×印をつけた。

　すべてのトランスクリプトの作成においては、筆者と実践活動に参加したスタッフ 1 名（ムーブメント教育指導者資格保持者）が担当した。それぞれ別に行っ

表4-2　トランスクリプト作成における記号と人物の関係

・【対象児】A：対象児A、B：対象児B、C：対象児、D：対象児D
・【対象児の母親】Ma：Aの母親、Mb：Bの母親、Mc：Cの母親、Md：Dの母親
・【リーダー・スタッフ】R：リーダー、S：学生スタッフ（各回毎に、S1、S2…と番号をつけ整理した。）

表4-3　コミュニケーションの相互作用の水準カテゴリー

X 相互作用不成立状態	X-1	A‥‥‥R 点線	【平行】子どもから他者への働きかけは明白ではなく、相手の反応もなくお互いが平行してかかわりなく個人の行動をとる場合。
	X-2	A───R 実線	【無視】一方から他方へ働きかけは明白であるが、それに対する相手の反応が生起しない場合。無視、無反応。
	X-3	A───×R 実線に×	【拒否】一方から他方へ働きかけは明白であるが、それに対してかかわりを避け、拒否/拒絶を示す場合。
Y 相互作用しかけの状態	Y-1	A‥‥‥▶R 点線矢印	【意図的反応】一方から他方への働きかけは明白ではないが、相手が意図づけをして発展させようと反応する場合。
	Y-2	A───▶R 実線矢印	【伝達意図的反応】一方から他方への働きかけが明白で、それに対する相手の反応が生起する場合。明らかな伝達意思とそれを受け取った反応が見える場合。
Z 相互作用成立状態	Z-1	A◀──▶R 両方向矢印	【同時開始・共振】やりとりの起こりが分からず、どちらからともなく二者間または集団で情動的な交流をしている場合。
	Z-2	A‥‥‥▶R A◀───	【みかけ開始で生起の連鎖】一方から他方への働きかけは明白ではないが、相手が意図的に反応したことによって相互作用が1ターン以上続く場合。
	Z-3	A───▶R A◀───	【伝達意図的開始で生起の連鎖】一方から他方への働きかけが明白で、それに対する相手の反応が生起し、相互作用が1ターン以上続く場合。

た評価が不一致であった行動（初回作成時の不一致率：10.2%）については、2名の評価者で見解が統一するまで討議し合議による分析を行った。

(ⅱ) MEPA-Rによるアセスメント

活動開始時と終了時、MEPA-R（小林, 2005）によるアセスメントを実施した。

(ⅲ) コミュニケーション・シートの活用

研究の対象となる活動においては、個別の家族支援の充実を図り、独自に開発した「コミュニケーション・シート」（大橋ら, 2003）を活用した。これらに残された、対象児の活動に関する記録、親の意見・感想を分析の対象とした。

(ⅳ）参与観察の集約

筆者自身が活動にかかわりながら、フィールドノーツを作成し、活動の記録、また前後の親との対話における記録をまとめた。さらに、活動の前後に行われるスタッフミーティングにおいては、他のリーダーやスタッフが、各々が「現場」で「かかわりながら」得た個々の情報を重視し、それらの共有を目指し、意見交換を繰り返し行ってきた。ここでの報告や議論の内容も記録として活用した。

(2)【研究4-②】の手続き

【研究4-①】において、相互作用が成立しているとして、表4-2のZ-1、Z-2、Z-3に分類された場面について、ビデオ記録とフィールドノーツをもとに、活動内容を文章化した。それら内容の類似性に従い分類して共通性からカテゴリーを生成した。抽象度を増すために同様の作業を繰り返し、最終的に上位カテゴリーとして内容の主題を命名した。

筆者と実践活動に参加したスタッフ1名（ムーブメント教育指導者資格保持者）が分析を担当した。それぞれ別に行った評価を合わせることにより、分類結果の正当性を追求した。また、不一致であった場合は、2名で見解が統一するまで討議し合議による分析を行った。また、それらと参与観察、映像による記録とを照らし合わせて事例の詳細把握の補足資料とした。

4.2.3　倫理的配慮

対象児の保護者へは、事前に、研究の主旨、方法、個人情報の保護、同意の撤回に関する事項を文書にて説明し、同意を得た。ただし、発達の様相や場面の解説については、内容の本質が損なわれない範囲で一部加工し、個人が特定できないように配慮して用いる。また、実施した月日から対象が特定されないよう工夫するため、西暦を20XX年とし、一年後を20XX+1年と表記する。

4.3 結果

4.3.1 【研究4-①】「創造的身体表現遊び」におけるASD児の他者関係の変容

4.3.1.1 対象児の発達変化の概観

対象児4名のコミュニケーションに関する発達変化の概観について、まず、MEPA-Rによるアセスメント、コミュニケーション・シートに残された親の記述、参与観察による記録をもとに、以下にまとめる。

(1) A児

A児は、自閉症と診断されており、活動開始時、5歳7ヶ月であった。MEPA-Rは、運動・感覚分野では、第6ステージ（49〜60ヶ月）に多くの芽生え反応があり、生活年齢相応の発達を示していたが、言語と社会性の領域においては、第3ステージ（13〜18ヶ月レベル）までしか到達しておらず、その偏りが特徴であった。観察からは、A児が他者とのかかわりを受け入れる場面もあり、発語があることが認められた。しかし、会話の内容が文脈に沿っていないことが多く、視線も合いにくい傾向にあり、多動で常に走り回っている様子が見られた。

活動開始直後から、A児の想像性豊かな一面が強みとなりストーリーや場面設定の理解ができ、その上で自分なりの表現に意欲をもって取り組んでいる様子が見られた。Ⅱ期の童話を中心としたプログラムにおいては、事前に母親と絵本等で童話の内容を確認してから参加するようになり、場面展開に即したセリフを言いながら活動することもあった。また、自分なりの解釈による童話の世界観を実現するために、他者の対応を求める等して、主体的に他者へかかわることが増え、リーダーや学生スタッフとの即興劇のような展開を繰り広げることが多くなった。さらに、Ⅲ期になると、他児の遊びに参入してきたり、他児の身体に接触したりすることが多くなり、大人だけでなく、他児に対する興味関心の向上が見られるようになった。Ⅰ期は、集団の活動から少し離れたところに居たり、途中走り回ったりすることも多かったが、Ⅲ期になると、初めから終わりまで活動に集中して参加しており、積極的な態度や笑顔がよく見られるようになった。

(2) B児

　B児は、広汎性発達障害と診断されており、活動開始時6歳2ヶ月であった。MEPA-Rでは、運動・感覚分野は、第5ステージ（37～48ヶ月）の発達レベルにあるが、言語・社会性は、第3ステージ（13～18ヶ月）の発達レベルと低かった。また、言語分野においては、受容言語と表出言語の評定差が大きいのが特徴で、自発的な発語の表出はほとんどないが、受容面では簡単な指示に応じることができていた。特に母親の指示に従って動くことは多かったが、自ら発語する場面はほとんどなかった。年上のきょうだい児との関係が良好で、きょうだい児とは意思疎通ができているように見える場面が多く、活動中も一人ではできないが、きょうだい児と一緒ならできることが多く観察された。

　Ⅰ期は、母親やきょうだい児の傍を離れず、指示を待つことが多かった。次第に、リーダーとの関係が深まり、本人からかかわりを求めることが多くなった。Ⅱ期になると、学生スタッフとのかかわりも増し、遊びを共有する場面が多く観察された。その中では、「あーあー」「うー」などの喃語に身振りを交えて積極的な働きかけがあったり、挨拶や返事などの応答性は良かったりすることが確認された。Ⅲ期では、自分でやりたいことが強くなり、その結果、自己主張や要求行動が増えた。発語はⅢ期の時点でも少なかったが、大人に対して何とかして自分の要求を伝えようとする行動が頻繁に見られるようになり、うまく伝わらないと涙ぐむこともあったが、その分、伝わったときは満足そうな表情を見せ、集団活動に積極的に参加する様子がうかがえた。他児への直接的なかかわりは見られなかったが、活動の中で他児の動きを観察したり、模倣したりすることが多くなった。

(3) C児

　C児は、広汎性発達障害と診断されており、活動開始時5歳6ヶ月であった。MEPA-Rでは、概ね、運動・感覚分野は、第4ステージ（37～48ヶ月）の発達レベルにあるが、言語・社会性の分野においては、第3ステージ（13～18ヶ月）に到達しようとする段階で、いくつかの項目にマイナス評価があった。例えば、第2ステージ（7～12ヶ月）の社会性の項目「S-8：ほめられると何度でも同じ動作をする。」や第3ステージの表出言語の項目「Le-11：おしっこをしたくなると、どうにか教える。」、「Le-12：遊びたいことを直接的な方法で要求する。」、

社会性の項目「S-11：欲しいものを教える。」、第4ステージの移動の項目「Lo-17：ヨーイドンの合図でかけだすことができる。」等が未到達であった。また、観察からは、多動の傾向が強く高い声を上げて部屋中を走り回る様子や、身体をずっと揺らしている姿が特徴的に見られた。大人や他児との積極的なかかわりはほとんどなく、鏡や玩具など特定の物への興味が強いが、他者が介入してくると避けるようにその場から居なくなる様子が何度も観察された。

　初めの頃は、多動の傾向が強く集団活動に参加することが少なく、時にパニックになって暴れたり、部屋から出て行こうとしたりする場面もあった。しかし、C児が好きな活動（ユランコの揺れ遊び）を中心に取り入れることで活動に参加する時間が増えるようになった。I期の後半になると、母子間での活動に安定が見られ、ダンスムーブメントには笑顔で参加している様子も観察された。次第に、集団にも慣れ、「一体型」の活動では一緒に参加することが多くなった。この頃には、リーダーや学生とかかわるC児の姿を通して初めて知ったC児の能力や関心に対する母親の驚きや発見の記述が増えている。II期になると、母親とのコミュニケーションが良好になり、言語表出は十分ではなく、いわゆる「クレーン現象」ではあったが、開始時にMEPA-Rの項目で未達成であった「欲しいものを教える」ことや「遊びたいことを直接的な方法で要求する」姿が見られるようになり、母親と共に集団の活動にも参加する場面が多く見られるようになり、この頃になると、母親自身がC児の要求や気持ちが良く理解できるようになったと記している。III期に入ると、明らかな発達変化が見られた。例えば、簡単な動作模倣やことばの指示を受け身体部位を指すことができるようになった。また、発話が急激に増え、2語文、3語文が見られた。III期でも、小さなパニックは度々起こっていたが、自分なりに立て直すことができるようになり、殆どの活動に参加できるようになっていた。

(4) D児

　D児はアスペルガー症候群と診断されており、活動開始時、6歳3ヶ月であった。MEPA-Rは、概ね、第7ステージ（61〜72ヶ月）まで到達していたが、社会性の分野では、「S-14：おこられそうになると大人の注意をそらす。」、「S-18：ままごとの役を演じることができる。」、「S-29：小さい子の面倒をみる。」等が未到達であった。観察より、大人との基本的な会話によるコミュニケーションは

良好で、言語的な働きかけや適切な応答が見られた。また、遊具を介して大人と協調的に遊ぶことができていた。数の概念や自然科学系の知識に関しては、生活年齢相応の発達レベルを超える理解を示しており、自分の興味ある分野に関して話し出すと止まらないという様子も観察された。母親からは、学校では通常学級に在籍しているが、良好な友人関係が築けずにうまく適応できておらず、パニックを起こしたり自己を否定する発言を繰り返したりして、学校生活にとても疲れているようだと報告されていた。

Ⅰ期には、特定の大人との関係に頼っている場面が多く、何か困ったことがあると母親やリーダーのもとへ逃げ込むような行動が多かったが、徐々に場に馴染み、笑顔を見せることが多くなった。Ⅱ期に入ると、活動のテーマやストーリーに対する自分なりの想いや考えを発言することが多くなり、同時に、自分らしく自由に表現することにも意欲と自信を見せるようになってきた。周囲の肯定的なことばがけや評価に、嬉しそうな反応を見せ、益々表情が明るくなった。また、3歳年下のきょうだい児に対して、「お兄ちゃん」らしく思いやりのある態度で振る舞うことが多くなった。母親の話では、その頃から家庭でもきょうだい児と遊ぶことが多くなったようだ。Ⅲ期には、特に他児との関係においても変化が見られた。活動中、他児の言動や表現に対する感想を発言したり、他児が困っている場面で助けようとしたりすることがあった。また、自分が使っている遊具を他児が取っていってしまった場面では、一時パニックになり全身で怒りを表したが、母親に促され気持ちを落ち着けて、「今、必要だから返して欲しい」と訴え、要求が通ると嬉しそうな表情で「ありがとう」と述べるという展開も記録されている。

4.3.1.2 対象児の相互作用成立状態に関する分析

ビデオ分析において、作成したトランスクリプトの行動数全体における、X：相互作用不成立状態、Y：相互作用しかけの状態、Z：相互作用成立状態の比率を第Ⅰ～Ⅲ期に分けて計算した。

全ての対象児において、Ⅰ期からⅢ期に向けて、Xの比率が減り、Y、Zが増える傾向が確認された（図4-2、4-3、4-4、4-5）。

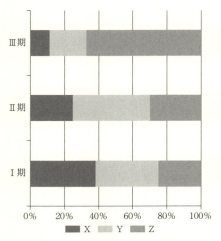

図4-2 A児の相互作用成立状態の変化

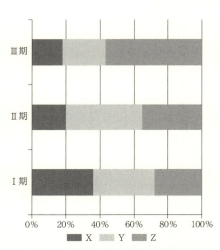

図4-3 B児の相互作用成立状態の変化

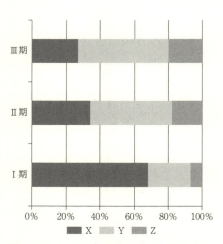

図4-4 C児の相互作用成立状態の変化

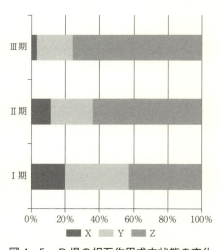

図4-5 D児の相互作用成立状態の変化

第4章 「創造的身体表現遊び」における発達障がい児のコミュニケーション支援の実際   103

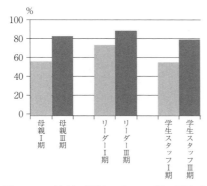

図4-6　他者の開始によるA児の反応率

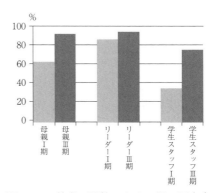

図4-7　他者の開始によるB児の反応率

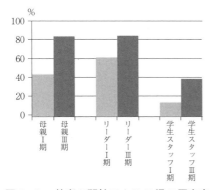

図4-8　他者の開始によるC児の反応率

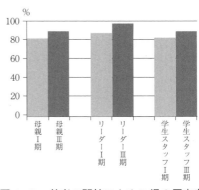

図4-9　他者の開始によるD児の反応率

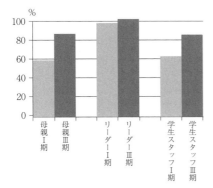

図4-10　A児の開始による他者の反応率

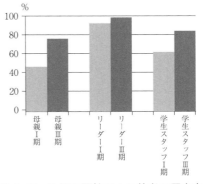

図4-11　B児の開始による他者の反応率

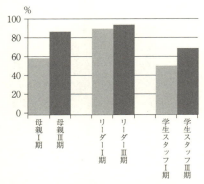
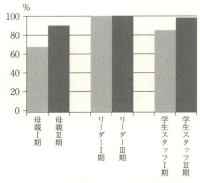

図4-12　C児の開始による他者の反応率　　図4-13　D児の開始による他者の反応率

4.3.1.3　伝達意図とその反応に関する分析

　他者から働きかけが明白な場合を示すX-2、X-3、Y-2、Z-3の総数に対して、その中でも他者からの働きかけに反応が生起したと判断されるY-2とZ-3の割合を別に見た。これにより他者の有効率（他者の開始に対する対象児の反応率）（図4-6、4-7、4-8、4-9）と、対象児の開始に対する他者の反応率（図4-10、4-11、4-12、4-13）を割り出した。

　Ⅰ期の母親や学生の開始に対する子どもの反応は、ばらつきが見られ、平均して低いのに対して、リーダーの場合は、すべての対象児に対して比較的高い割合で受け止められていた。Ⅲ期になると、リーダー、母親、学生ともに上昇し、母親と学生の上昇率が著しいことが分かる。

　一方、対象児の開始に対する他者の反応率に関しては、Ⅰ期から、リーダーは高い反応を示しており、リーダーが対象児のサインを見逃さずに反応していることが分かる。リーダーの反応率と学生の反応率を比較してみると、対象児による差が大きいことが分かる。ことばによる意思伝達が可能なD児に対してはⅠ期から高い割合を示していることから、学生側が対象児のことば以外によって現れた伝達意図を受け取る力の差によるものと考えられる。母親については、子どもの伝達意図のある開始について必ずしも反応を示していないことが認められた。Ⅲ期になると、学生と母親の反応率も高まったことが分かる。特に、C児の母親の上昇が大きい。母親の開始によるC児の反応率の上昇も著しいことや母親自身の記述も合わせて評価すると、母子間に好循環が起こり、相互作用的なコミュ

表4-4 「創造的身体表現遊び」におけるASD児と他者との相互作用成立場面の分類

カテゴリー分類	記述数	%	場面の特徴
(a) 情動的交流・身体的交流	287	42.6	他者との間で見られた見つめ合い、触れ合い、微笑み合いの姿、情動的交流や身体的共振が見られる場面。
(b) 遊具の共有	102	14.5	遊具を一緒に持ったり、同じ遊具に乗ったりして活動している場面。
(c) 遊びの流れの共有	89	21.5	動きのタイミングを合わたり、合図を理解して動いたりしている場面。役割を交替して遊ぶ場面。
(d) 模倣	78	11.6	他者の動きを模倣したり、他者に自分の動きを模倣されたりしている場面。
(e) 自己決定・自己主張	66	9.8	自分で選んだり、活動内容を自分で決定したり、展開を主張したり、自由に表現したりしている場面。
記述総数	622		

ニケーション能力の向上があったことがうかがえる。

4.3.2 【研究4-②】「創造的身体表現遊び」における相互作用成立場面の特徴

　対象児4名のビデオ映像の記録において、相互作用が成立しているとして、Z-1、Z-2、Z-3に評価された場面の総数は、622であった。場面の特徴として、情動的交流・身体的共振、模倣、遊具の共有、遊びの流れの共有、模倣、自己主張の5つのカテゴリーに分類された（表4-4）。

(a) 情動的交流・身体的共振

　「創造的身体表現遊び」においては、母子間のふれあい遊びやダンスなどの身体のリズムが同調し身体と身体で共振するような場面が観察された。また、即興的な展開の中で集団の一体感が増したり盛り上がったりする場面が多く見られた。このような場面は、水準カテゴリーにおけるZ-1の【同時開始・共振】での相互作用成立状態となるが、コミュニケーションの原初的な姿、他者との関係性の

土台として、重要な展開であると考えられる。

　さらに、「創造的身体表現遊び」においては、集団で一つの動きや表現を共有する中で、共振する場面が多く設定されている。例えば、二人組で手を合わせたり、全員で輪になって皆で手をつないだりして行うダンスムーブメントの場面では、身体的共振の場面が多く、笑顔や笑い声が多く観察され情動的交流が生じていた。

(b) 遊具の共有

　「創造的身体表現遊び」の活動全体において遊具が活用されるが、本研究における相互作用成立の特徴としても、遊具を共有している場面が多く分類された。遊具を持ったり、遊具に乗ったり、遊具を何かに見立てたりしている時は、他者と向かい合ったり、並んだりする関係が基本にあり、「誰かと何かを共にする」という構造が内在していた。

　また、プログラムにおける遊具の活用のねらいにおいて、そもそも、子どもが自分一人では操作することができず、他者と協同して動かしたり、他者の協力を得ないと進展がなかったりする設定が多く含まれており、予め、他者とのかかわりを促す枠組みが用意されていた。

　さらに、遊具を用いた遊びには「見立て」が重要な要素としてあるが、相互的かかわりが開始するきっかけの場面にこの「見立て」遊びの場面が多く見られた。これは、大人側が、子どもが遊具を介して描いている世界を共有したために起こった場面であった。

(c) 遊びの流れの共有

　3つ目の場面の特徴として、「遊びの流れの共有」が上げられた。これは、「動きのタイミングを合わせる」、「合図を理解する」といった小さな流れの共有から、ストーリー性のある展開において目的を共有したり役割を交替したりする複雑なやりとりの場面が含まれる。

　特に、「創造的身体表現遊び」においては、遊びの流れを共有することで、自然と展開していたやりとりとして「役割の交替」がある。ユランコやパラシュート等の遊具を持つ側と乗せてもらう側の役割交替のような簡単な設定から、ビーンズバッグを投げ入れる側と籠を持って受け取る側の役割交替、そして、「赤ず

きんをオオカミのお腹から救出する」というストーリー展開における赤ずきんと猟師の役割交替まで、様々なレベルでの役割交替の場面があったが、それらにおいては、対象児と他者との相互関係が自然な流れで成立していた。

(d) 模倣

「創造的身体表現遊び」における相互作用が成立している場面の特徴として、ASD児が他者の動きを模倣したり、他者に自分の動きを模倣されたりしている様子が分類された。これは、第2章で論じたとおり、本研究の対象となった活動においては、動作模倣の課題を強化して取り入れたことが直接的に影響したことも大きいと考えられる。プログラム全体の様々な活動において、模倣の場面が確認された。

(e) 自己決定・自己主張

Ⅲ期になって現れた相互作用成立場面の特徴として、要求や提案が一度で受け止めてもらえない場合に諦めずに「交渉」としてやりとりを展開する様子が見られた。

例えば、B児が「大きなかぶ」をテーマにしたプログラム（第2章2.2.2.4(1)参照）で、中盤から何かを要求し目に涙をためて訴えているのだが、周囲がそれを理解できずにおり、B児は何度も訴えを繰り返している場面があった。おじいさん役のリーダーの顔を頻繁に触ろうとしたり、かぶを引き抜くために並んだ列に呼ばれても入らなかったり、様々な行動でB児は何かを訴え続けていた。最終的には、彼が「おじいさん」の役をやりたかったことを周囲は理解していくのだが、そこに辿り着くために、B児と大人たちは何度もやりとりを重ねた。

4.4　考察――「創造的身体表現遊び」におけるコミュニケーション支援の特徴――

本研究の結果を受け、「創造的身体表現遊び」におけるコミュニケーション支援の方法の特徴について考察する。

4.4.1 「共有する」体験の中で

「創造的身体表現遊び」においては、まず、発達障がい児が実際に他者や環境とかかわることを促す場を提供し、その場で実現する「共有する」体験を土台としている点に注目したい。従来、発達障がい児のコミュニケーション指導としては、障害による「個人の能力」の不足を訓練的なやり方で補い改善する方法で、ことばの獲得を目指したアプローチが主に行われてきた。しかしながら、コミュニケーションの本来の意味は、「共有し合う」こと、「通じ合う」ことである。すなわち、「関係性」から切り離したところでコミュニケーションの力は育たない。コミュニケーションスキルは、豊かなかかわりのための「手段」であり、最終的な「目的」ではない。コミュニケーションスキルは、「共に生きる力」を支えるコミュニケーション能力の重要な一部ではあるが、すべてではない。

「創造的身体表現遊び」においては、特に、コミュニケーションの「伝達」を中心とする側面だけでなく、身体で他者と通じ合う体験や場と一体となる体験を通して、「共有」の機能を重視したコミュニケーションの実体験の中で、生きたスキルを獲得していくという方法を持つ。

4.4.2 遊びの場におけるコミュニケーションの「型」の体得

前述したように、発達障がい児のコミュニケーション支援においては、関係性を重視せずに訓練的な方法でスキルだけを習得することには批判が高まっているが、一方で、齊藤（2001）は、子どもの教育において「型にはまる」という表現を否定的にとらえず、「型」を身につけることによって、様々な状況への対応ができるようになることだと論じている。また、尼ヶ崎（1990）は、他者理解の内実は身体性に委ねられ、相互理解が実現するためには、ことばのやりとりのそこで、身体の「なぞり」が行われていると論じている。伝統芸能における「わざ」の習得（生田, 1987）に見られるように、「なぞり」は、身体の自発的な活動の「型」を自分の身体に具現化させることであり、「型」を学ぶとは、外からみた「形」だけでなく、それに伴う「心」を学ぶことであるとした。模倣による習得した「型」が「心」と結びついたとき「表現」となるように、コミュニケーションスキルの「型」も「伝えたい」「かかわりたい」という現実の欲求と共に身体

的かかわりの中で繰り返し経験して身につけることに意味がある。さらに、田ノ丘・辻井（2010）は、「目に見えない『場』の共有」が発達障がい児には難しく、やりとりの規則性を理解するために、コミュニケーションの場面が設定された「劇」の中で、基本形としての「型」を体得していく実践を行い、実生活の場面でもコミュニケーションが円滑になったと報告している。

このような論を踏まえて、「創造的身体表現遊び」における発達障がい児のコミュニケーションスキルの習得について考えると、童話や季節感をもとにした分りやすいストーリーや場面設定の中で、架空で安全な世界でありながら、現実世界に近い体験として他者とかかわることが可能とし、その中でコミュニケーションのパターン的なやりとりや役割交替の規則性の枠組みを準備し、「変化のある繰り返し」の中で重ねて体験できるように設定している点が特徴である。つまり、「創造的身体表現遊び」は、遊びの中の様々な場面設定において、実際のコミュニケーションスキルの「型」をなぞり、体得することで、他者とのかかわりに自信と意欲を持つことができ、「型」を活用しながら実際の人間関係を築き、「型」にはまらないで柔軟に生きていく力に通じる、と考えることができる。

このことは、まさに、ダンス学習の理論（松本, 1988）をもとにした「創造的身体表現遊び」の構造に支えられている。すなわち、ダンスの表現力が「動きを体験する（動きの探求）」-「動きで表現する（表現の探求）」-「創る（作品の探求）」-「分かち合う（鑑賞の探求）」の段階を漸次循環的に経て向上するように、コミュニケーション能力もまた、コミュニケーションを「型」として体験すること、そしてその型を用いて表現すること、さらに、体得した「型」をもとに自分の表現としてかかわりを創造し、他者と共有する過程を経て、子どもが自ら力をつけていくのである。

4.4.3　かかわりながら、かかわることへの欲求を育む

ここまで論じてきたように、「創造的身体表現遊び」におけるコミュニケーション支援の特徴は、コミュニケーションスキルだけを取り出して直接的に指導するのではなく、安心して参加できる遊びの場の自然な文脈の中で、相互的で相補的な他者関係の体験を積み重ねることを通して、結果的に、他者とのやりとりの方法を理解したり、問題行動とされる行為パターンの修正を行ったりすることであ

る。このような活動の中、本研究の対象児が他者とかかわる方法を身につけていく過程においては、他者とかかわりたいという欲求を高めていく姿があった。遠矢（2012）は、発達障がい児が、孤独感や疎外感を感じることなく、自ら発信したコミュニケーション行為が他者からの受容される経験を積み重ねることは、結果として、社会的スキルを身につけさせるだけでなく、他者とかかわることに対する「自信」を芽生えさせ、望ましいコミュニケーション循環を生み出していくと論じている。「創造的身体表現遊び」においては、自由で受容的な遊びの場における実際のかかわりの中で、様々なコミュニケーションの「型」を体験しながら、同時に「型」として得たスキルを自身の「かかわりたい」という動機に基づいて「表現」として活用していく積み重ねの過程で、発達障がい児のコミュニケーション能力の高まりをねらうのである。

　よって、「創造的身体表現遊び」のリーダーの重要な役割は、子どもが自ら「かかわりたい」と思えるような遊びの「場を共に創る」ことであり、そのために、「人と環境とのかかわりをアレンジする」ことになるだろう。

　また、本研究においては、特に、母親やスタッフの反応率の変化から、大人側が意図的な反応をしっかりと返すことによって、対象児自身の言動、サインが反応される「効力性への動機」が高まっていったと考えられる。相互的なかかわりが自然に生起し発展していくには、対象児のみでなく参加者全員が「共に場を創る」体験を共有している必要がある。田ノ丘・辻井（2010）は、「人とかかわり、話をするのは、自分にとって楽しいことなんだ、必要なことなんだという実感が、コミュニケーションスキルを学ぶ過程にとってとても重要であり、スキルを学ぶモチベーションにもつながる」と指摘している。矢吹（2005）は、社会的な遊びに典型的な「即興的なプロセス」の「今、ここで、新しく」共に創る経験は、情緒、認識行為の即興的、随伴的なコミュニケーションであり共感性・間主観性の発達に極めて重要であると述べている。

　「創造的身体表現遊び」は、まさに、今、ここで、参加者が互いにかかわりながら、かかわる力をつける営みである。よって、「創造的身体表現遊び」においては、コミュニケーション能力の発達を、個人の能力の変化という見方ではなく、子どもが生きている社会や共同体における営みや活動に現れる「関係」の有り様の総体の変容としてとらえるのである。

4.5　小括

　本章では、発達障がい児を対象とした「創造的身体表現遊び」のコミュニケーション支援の特徴や方法について明らかにするために、実践記録をもとにASD児4名の他者との相互作用に関する2つの研究を行った。

　【研究4-①】においては、「創造的身体表現遊び」の実践を通して、対象児の他者との相互作用が成立する確率が高まったことが明らかになった。さらに、反応率の比較においては、かかわる相手によってコミュニケーションの相互作用の成立に差があること、活動の継続によって母親や学生の反応率が上昇したことが明らかになった。

　【研究4-②】においては、対象児と他者との相互作用が成立した場面の特徴として、(a) 情動的交流・身体的共振、(b) 遊具の共有、(c) 遊びの流れの共有、(d) 模倣、(e) 自己決定・自己主張の5つが分類された。
　これらを受けて、「創造的身体表現遊び」におけるコミュニケーション支援の方法の特徴的な点として、コミュニケーションの「伝達」を中心とする側面だけでなく、「共有」の機能を重視して、身体で通じ合う体験を通して、何より「かかわりたい」という欲求を育むことをコミュニケーション支援の軸としている点を指摘した。また、遊びの場で、様々なコミュニケーションの「型」をなぞることにより、コミュニケーションスキルを高めていくという方法を持つ点もその特徴として考察した。さらに、「創造的身体表現遊び」においては、コミュニケーション能力の発達を、個人の能力の変化という見方ではなく、子どもが生きている社会や共同体における営みや活動に現れる「関係」の有り様の総体の変容としてとらえていると論じた。

(註)　本章では、大橋さつき・杉本貴代・小林芳文（2013）「集団遊び活動における自閉症スペクトラム児の他者関係——親子ムーブメント教室の実践から——」、日本特殊教育学会第51回大会、及び、大橋さつき（2013）「『創造的身体表現遊び』における自閉症スペクトラム児のコミュニケーション支援——母子関係の変化に着目して——」、第65回舞踊学会において発表された内容を一部修正して活用した。また、これらは、文部科学省科学研究費補助金若手研究B（課題番号23730868）の助成を受けた。

第5章　発達障がい児の自尊感情を支える「創造的身体表現遊び」
―――自閉症スペクトラム障がい児の自尊感情傾向の分析から―――

5.1　背景と目的

　発達障がい児の支援においては、自尊感情は特に重要な視点となっている。それは、発達の過程で、発達障害特有の行動や気質と周囲の人々の否定的な反応が互いに作用して悪循環に陥る場合が多く、その悪循環が発達障がい児の自信や自己肯定感を低下させ、無気力感や空虚感、不安や不満を増長させるからである。

　発達障がい児の場合は、学業と日常生活の両方で失敗経験を重ねがちで、親や教師、周囲の児童から注意や叱責を受ける場面が多く、このため自己効力感や自尊感情は低下する傾向にあると言われている（白石, 2007；宇野, 2012）。例えば、ADHD（注意欠陥／多動性障害）児を対象とした自尊感情と自己評価に関する研究では、振る舞いと社会性において、定型発達児よりも低い自己評価を行うことが報告されている（中山・田中, 2008）。古荘ら（2006）は、軽度発達障がい児を対象にQOL尺度による調査を実施し、発達障がい児の自尊感情について、学業不振、友人との葛藤、家族や教師からの叱責などで二次症状を併発し自尊感情が落ちるとの見解を示した。また、LD児は、学業や運動についてうまくできないと感じており、クラスの仲間からも母親からも受け入れられていないと感じていると考察されている（伊藤, 1999）。Popeらの自尊心尺度をもとにした調査では、ADHD傾向の高い児童はそうでない児童に比べ、自尊感情が低く、「学業」「家族」「友だち」の自己評価の低さによるものであることが明らかにされている（松本・山崎, 2007）。

　一般的にも、自尊感情が傷つけられることは、抑うつや攻撃性へのリスク因子であるが、発達障がい児は、多くの失敗経験や周囲の無理解から自己肯定感の低下や劣等感の増長といった自尊感情の形成に問題を示し、結果として二次的な障害が生じる場合が多いとされている。発達障害における二次障害は、反抗や非行といった「外在化障害」と分離不安や引きこもり等の「内在化障害」に分けられ

る。例えば、ADHDの子どもの場合、叱責などの罰への感受性が高く、自尊心が傷つきやすい。発達の過程において失敗や叱責の悪循環が生じやすく、自身に対して否定的な認知を行うといった二次的な情緒の問題を引き起こすとの指摘がある（花熊, 2002）。自閉症スペクトラム（ASD）児では、他者からほめられていることが理解できにくいことがある。内面的には、うつ病や不安障害、行動面では、暴言や反抗的態度が増加する。不安が高まると、苦手意識がさらに強くなり、また、反抗的・攻撃的な姿勢が強くなることで行動問題が生じるといった悪循環に陥る（宇野, 2012）。高機能自閉症児やアスペルガー症候群に関しては、定型発達児との違いとして、自己意識が希薄で他者との関係での自己理解を行うことが少ないと報告されている（Lee & Hobson, 1998）。よって、「現在の自己」の意識を高めるために、「自分と向き合う機会の導入」や「他者からの発達段階を考慮した支援助言」などが求められている（小島, 2012b）。

また、発達障がい児の多くは、双方向的な友人関係を築くことができず、孤立していることが多いと言われている。しかし、遠矢ら（2011）は、発達障がい児の友人関係に対する思いについて調査し、彼らがお互いに信頼し合い、受容し合いながら活動を共にするような情緒的関係性を重視していることを明らかにした。つまり、自らの友人関係を絶っているのではなく、他者への関与の仕方がわからずに孤立することを避けられずにいるのである。従って、発達障がい児には、友人関係の体験の場を提供してもらい、自然な文脈の中で相互的・相補的な友人関係の体験を積み重ねていくことが必要である（遠矢, 2012）。「行動や社会性に課題がある子どもへの肯定的理解者（教師、友だち）が増えるとトラブルが軽減するという報告もなされている（相川, 2004）。針塚・遠矢（2009）は、発達障がい児を対象とした遊びや心理劇による活動を通して、「同世代の友達との楽しい体験」、「自分らしさの表現と自分らしさを認められる体験」、「自己評価を高め、相互交渉への不安を軽減すること」などの重要性を唱えている。また、発達障がい児でも自尊感情を適度に高く維持している場合は、教師や保護者、友人から適切なサポートを受けられていると認識しており、周囲の人も失敗体験や注意・叱責を極力少なくするなどの配慮を行っていることが示唆されている（小島, 2012a）。

一方、ダンスは一人ひとりの身体の表現を大事に受け止め、自己意識や自己受容を高める効果があり、自尊感情を支える要素が含まれていると考えられる。清水（1998）は、「コンタクト・インプロヴィゼーション（Contact Improvisation）」

第5章　発達障がい児の自尊感情を支える「創造的身体表現遊び」　115

をもとに、人や物との身体接触を基本とした「コンタクト・ワーク」のプログラムを実施し、その体験者を対象に「ボディ・イメージ」と自尊感情の変化を調査した。その結果、コンタクト・ワークは、ボディ・イメージと自尊感情を肯定的な方向へ変化させる可能性があること、自尊感情の変化に伴うボディ・イメージの変化には男女で差があること等を示した。また、八木（2009）は、ダンスセラピーのセッションを通じて、肯定的自己体験が得られ、自己肯定、自己受容が促進されセリフ・モニタリングも促進されるという仮説を検証するために実践研究を行った。その結果、参加者は、仲間と即興的なダンスを通じてかかわり合う中で、自己開示し、他者の自己開示を非言語的に受け入れる体験を重ねることによって、自分や他者への受容的であり批判的ではない態度に触れ、表現への不安を減少させ、今ここにある自己が仲間との関係の中で価値ある存在であることを実感し、そこからくる自己肯定が再び他者との関係や周囲の状況に注意を向ける動機づけとして働いていると考察している。鈴木（2012）は、幼児の遊び場面における観察から模倣の機能について分析し、模倣されることが子どもの自己肯定感を高めると述べている。石原（2011）は、インプロ・ワークショップの実践に参加した大学生を対象に自尊感情の変化について調査した。その結果、失敗が否定されない安心感の中で徐々に主体的になり、他者と協働して創造するといった体験が、自他の違いを認め視野が広がることや自分自身への肯定的感情につながり、それらが他者との共有体験の深まりによって円環的に影響し合って、参加者の自尊感情の向上に寄与したと述べている。これらは、身体を軸とした表現や協働の活動が自尊感情に影響を与えることを示唆する内容ではあるが、発達障がい児を対象とした研究は見当たらない。

　ムーブメント教育における発達障がい児支援においては、遊具や音楽などを活用した楽しい遊び環境の中で、子ども自身の意欲や主体性を重視し、「あたま・からだ・こころ」の統合的な発達を支援している（小林, 2001）。ムーブメント教育の最終目標は、「健康と幸福感の達成」であり、集団プログラムの中で個々のニーズにあった対応を充実させながら、一人一人の発達を支え、「喜び」や「楽しさ」、「満足感」や「達成感」を重視した実践を行う。様々な子どもたちが活き活きと集団活動に参加する姿には、一人一人の肯定的感情が感じられ、「笑顔が笑顔を呼ぶ好循環」（小林・大橋, 2010）が子どもの自尊感情を支えていることを実感することができるだろう。最近では、楽しく受容的な遊びの場の体験を通し

て、子どもの受容や親自身の気分や幸福感にポジティブな変容が生まれ、家族のかかわりが変化し、それらが親のQOLの向上や子育て充足感の増加につながっているという報告がなされている（藤井ら, 2007；阿部, 2009a）。そのような親の変化が子どもの発達にも良い影響を与えていると考えられるが、発達障がい児の場合、自己評価による調査が困難な場合が多いため、子ども自身の自尊感情に関して調査したものが見当たらない。

よって、本章においては、第2章で設定した「創造的身体表現遊び」が、発達障がい児の自尊感情の低下を防ぐという仮説に基づいて、その効果や活動の特徴について明らかにすることを目的とする。

まず、【研究5-①】では、先行研究を対象とした文献調査より、自尊感情の定義と発達障がい児に適用できる尺度を提示する。次いで【研究5-②】においては、【研究5-①】で提示した尺度を用いて、継続的に「創造的身体表現遊び」に参加したASD児4名の実践記録をもとに自尊感情傾向の変化を調査する。【研究5-③】では、さらに、【研究5-②】において、自尊感情傾向が高いと判断された活動の記録場面の特徴について分析を行う。

5.2 【研究5-①】本研究における発達障がい児の自尊感情に関する尺度の検討

5.2.1 方法

先行研究を対象とした文献調査を行った。

5.2.2 結果

(1) 自尊感情の定義

先行研究の分析から、発達障がい児だけでなく現代の子どもの健全育成において、自尊感情が重視され、その維持と向上を目指した実践研究が展開されていることが明らかになったが、それらの研究間で、「自尊感情」そのものが指すものに多少の差があり、定義が曖昧なまま議論が重ねられている。そこで、まず、自尊感情の定義やその構成要素について整理し、本研究におけるとらえ方を明らか

にする。

　心理学の領域では、「自尊感情」の研究は、アメリカの心理学者 William James に端を発する。James は、「自尊感情（self-esteem）」＝「成功（success）」÷「要求（pretensions）」という公式を示し、個々人それぞれの望みに応じてそれが成功、達成できたときに自尊感情が生まれると述べている（James, 1890）。心理学の研究領域として、「自尊感情」が日本でも広く取り扱われるようになってきたのは1960年代以降である。「自尊感情」は、「セルフ・エスティーム（self-esteem）」という言葉を訳したものの一つとして使用されるが、研究者によっては自尊感情の様々なとらえ方がある。例えば、「セルフ・エスティーム（self-esteem）」の日本語訳についても、「自尊感情」の他に、「自尊心」、「自己肯定感」、「自己有用感」、「自己効力感」などがあり、日本語においてはその意味するところが異なって使われている現状がある。

　Lawrence（2006）によれば、「人が自分というものを考えるときには、自己像（自分がどういう人であるかということ）と理想自己（自分がどういう人でありたいかということ）との2つの要素があり、これが自己概念とされる。自尊感情とは、この自己像と理想自己との間の不一致について、人がどのような感情を抱くかを指すとしている。また、遠藤（1992）による総括では、「自己の存在や行動に対する肯定的感情」とされている。池田（2000）は、先行研究をもとに、自尊感情を「自分に対する誇りや自分を価値ある存在と思う気持ちのことであり、自己概念の中でも特に自己に対する正の評価を示すもの」と定義している。

　現在まで、日本で自尊感情尺度として最もよく知られ使用されているのは、米国の Morris Rosenberg が考案した尺度である。この尺度は10項目で構成されており、山本ら（1982；2001）が邦訳しているが、ここには、自尊感情の2つの見方が混在している。すなわち、「少なくとも人並みには、価値のある人間である」、「物事を人並みには、うまくやれる」といった項目に代表される他者との比較からくる自尊感情と、「色々な良い素質をもっている」「だいたいにおいて、自分に満足している」というような個人内の評価としての自尊感情とが混在していることが分かる。Rosenberg は、自身に対する評価の感情として、「とてもよい（very good）」と「これでよい（good enough）」という2つのものがあることを指摘している（Rosenberg, 1989）。前者は完全性や優越性を含む感覚であり、他者との比較関係を基にした「優劣」を基準に置いている考え方であると説明している。

それに対して後者は、自分なりの満足を感じる感覚であり、自分の中の価値基準をベースとして自分を受容する考え方であり、そこには他者と自分との比較による優劣という意識は含まれてこないと述べている。Rosenberg のいう「very good」な自尊感情は、他者との比較の中で自分を肯定的にとらえようとする感情である。そこでは優越性という感覚と切り離すことができず、形成される力は「〇〇と比較して自分は優れている」という、他者や社会的な基準を強く意識したものとなる。そして肯定的な評価を受けられないと、自分の優越性を感じることができないために、ますます他者や社会的な基準から自分を評価してしまうようになると考えられる。

近藤卓ら（2007）は、Rosenberg の論を受け、自尊感情を「社会的自尊感情」と「基本的自尊感情」の2つに分けて論じている。James の「セルフ・エスティーム」の論（自尊感情＝成功÷欲求）に基づく自尊感情を「社会的自尊感情」とし、一方、他者との比較や優劣とは関係なく、「自分はこのままでよいのだ」と思うことができる絶対的で根源的な感情として心の内に存在するものを「基本的自尊感情」とした。そして、「基本的自尊感情」が基礎にあり、社会的自尊感情は上屋にあたるとして構造化している。基本的自尊感情は「強くする」ものであり、社会的自尊感情は「高める」ものである。近藤は、基本的自尊感情と社会的自尊感情によってバランスよく構成された自尊感情が、子どもの「生きる力」を根本で支えると説いている。眞榮城（2012）は、自己を肯定的に評価する素になる気持ちとして、「愛されている気持ち」と「能力があるという気持ち」の2つを説明しており、近藤らの論に重なる分類となっている。

Rosenberg のいう「good enough」の感情は自分なりの個人的な基準に基づいて判断したときの自尊感情で、ときにはその基準すら本人が明確に意識していない場合もある。そして、これは、他者との比較による評価から生じるものではなく、「ありのままの自分をそのまま認め、受け入れること」ととらえることができ、一般に「自己受容」という用語で解釈されているものに近いと考えられる（沢崎, 2010）。自己受容ができる人とは、失敗や間違いを起こすかもしれない自分を含めて大丈夫と思えるということを示唆している。また、岩井（2002）も、自己受容を「自分に欠点や気に入らない点があったとしても自分を受け入れている状態」であると述べている。また、高垣（2004）は、「子どものよいところを見つけて、ほめてやる」ことの価値を否定するものではないが、「評価」として生ま

れる自尊感情ではなく、もっと深く存在レベルから自己を承認し「自分はここにいてよい」、「自分が自分であって大丈夫」と肯定する感情が必要であると論じている。アンドレとルロールは、調和のとれた自己評価を持つ際に欠かせない3つの要素の最初に「自分を愛する」を挙げ、「自分を肯定的にみる」、「自信を持つ」と合わせてバランスよく配合されるべきだと論じている（アンドレ・ルロール,2000）。中間（2007）は、自分の短所も含めて自己を受容する支援を行うことが、他者から自己へと価値基準を形成しなおすことになり、安定した自尊感情の構築につながると論じている。

　これらの論をもとに考察すると、自尊感情は、他者や社会的な基準を内在化することで獲得する優越性と切り離せない感情ではあるが、子どもの健全育成において大切なことは、単なる優越性ではなく、自他に対する理解ができ自分の否定的な面も含めて「あるがままの自分を受け入れ、自分をかけがえのない存在だと思う気持ち」を育むことである。本研究においては、「創造的身体表現遊び」において育むべき「自尊感情」を「あるがままの自分を他者とのかかわり合いや社会とのつながりの中でかけがえのない存在、価値ある存在としてとらえる気持ち」と定義する。

(2) 自尊感情の構成因子

　東京都では、自治体としてはじめて「自尊感情を育む教育」を導入し、2008年度から2012度年までの5ヶ年計画で、大学や小学校との共同で「子供の自尊感情や自己肯定感を高めるための教育の研究」に取り組んだ。この研究の第3年次の報告（2011年3月）によれば、自尊感情を構成する因子を分析した結果、

- （A）自己評価・自己受容（自分のよさを実感し、自分を肯定的に認めることができる。）
- （B）関係の中の自己（多様な人とのかかわりを通して、自分が周りの人に役立っていることや周りの人の存在の大きさに気づく。）
- （C）自己主張・自己決定（今の自分を受け止め、自分の可能性について気づく。）

の3つにまとめている。さらに、この3因子構造に質問項目22項目をもつ自尊感情測定尺度を完成させた。「そう思う」「わりとそう思う」「あまり思わない」「思わない」を数値の尺度（4-3-2-1）で示し、自分の気持ちに一番近い番号に

○印を付けるようにしている。児童期前期の実態についても発達段階に考慮しつつも適切に把握できる方法を検討し表現を変え、小学校第1学年から第3学年の児童を対象とした尺度を別に作成した。また、尺度の結果をレーダーチャートに表し、個人や集団の自尊感情の傾向を把握できるようデータ入力シートや「自尊感情や自己肯定感を高める指導上の留意点」の観点及び内容をまとめた資料も作成し、教育現場での活用を模索し、協力連携校にとる実践研究へと発展させた（東京都教職員研修センター, 2013）。

自尊感情は「指導」によって高めることはできない（古荘・岡崎, 2011）、「自尊感情を自己責任で社会に適応できる力として個人の問題にしている」（石川・岡崎, 2011）との批判の声もあったが、現代日本の教育現場における適用を目指し、発達段階に応じた自尊感情の傾向を把握するための測定尺度の検討とそれらに基づいた教育実践研究を組織的に行った点において、意義深い取り組みであると言えよう。

(3) 発達障がい児の自尊感情傾向を把握する尺度の検討と作成

前述の東京都教職員研修センターによる自尊感情の尺度開発の取り組みにおいて、4年目となる平成23年度（2011年度）には、特別支援学校や特別支援学級等の児童・生徒や就学前の幼児等、「自己評価シート」による自己評価を行うことが難しい子どもの自尊感情の傾向を把握することを目的として、自尊感情の傾向を把握するための「他者評価シート」（24項目）（東京都教職員研修センター, 2012）が開発されている。

開発にあたっては、特別支援学校における子どもの行動観察から関連する学習活動等がどの場面でどのように展開されているのかを把握して作成している。具体的には、自尊感情の3つの観点（A 自己評価・自己受容、B 関係の中の自己、C 自己主張・自己決定）に基づき、児童・生徒の自尊感情や自己肯定感にかかわると考えられる行動等を、各教科等の場面に応じて観察・記録を実施し、それらをKJ法により分類・整理し、24項目にまとめられている。さらに、「安定した学校生活を送るための6つの観点」として、観点①「人への働きかけ」、観点②「大人との関係」、観点③「友達との関係」、観点④「落ち着き」、観点⑤「意欲」、観点⑥「場に合わせた行動」に整理されている。

この評価項目は、自尊感情を測定する尺度そのものではなく、「自己評価シー

ト」を補完するシートとされているが、子どもの行動観察によって自尊感情の傾向を把握することができ、自己評価が難しい発達障がい児への適用においては貴重な尺度であると評価できるだろう。

　よって、本研究における発達障がい児の自尊感情に関する尺度として妥当であると考え適用する。ただし、東京都教職員研修センター（2012）による「他者評価シート」は、学校生活を前提として人間関係を基盤に表記されているので、本研究における尺度として用いるため、本研究の対象となる活動の参加者に合わせて次のように読み替え、一部修正を加えて作成した（表5-1）。
・「友達」→「他児」
・「特定の大人（担任や保護者）」→「リーダーや親」
・「大人」「身近な大人」→「継続して参加している学生スタッフや他児の母親」
・「日常的に交流の少ない相手」→「初めて参加した家族や学生」

5.3　【研究5-②】「創造的身体表現遊び」における対象児の自尊感情傾向の変化

5.3.1　方法

　【研究①】において作成した「自尊感情の傾向を把握するための他者評価シート」（表5-1）を用い、ビデオ映像記録にある発達障がい児の行動に関して評定を行った。分析対象となるのは、前章（第4章）と同じASD児4名が参加した3年間の実践であり、対象児別に第Ⅰ期と第Ⅲ期、それぞれの総合評価として評定する。なお、倫理的配慮についても前章と同様に、保護者へは事前に、研究の主旨、方法、個人情報の保護、同意の撤回に関する事項を文書にて説明し、同意を得ている。発達の様相や場面の解説については、内容の本質が損なわれない範囲で一部加工し、個人が特定できないように配慮して用いる。

5.3.2　結果

　対象児の自尊感情傾向については、第Ⅰ期と第Ⅲ期でそれぞれ以下のような結果となった（図5-1、5-2、5-3、5-4）。

表5-1 発達障がい児の自尊感情の傾向を把握するための「他者評価シート」

「自尊感情の傾向を把握するための「他者評価シート」」

「他者評価シート」実施日　　年　月　日

質問に対して、記名をした子供の状況に近い数字に○を付ける。
「あてはまる」場合は4、「どちらかというとあてはまる」場合は3、
「どちらかというとあてはまらない」場合は2、「あてはまらない」場合は1に○でかこむ。

No	観点	項目	あてはまる	どちらかというとあてはまる	どちらかというとあてはまらない	あてはまらない	具体的な姿　□は、各項目のイメージを補うための具体的な姿とする。
1	①他者への働きかけ	自分から他児に働きかける。	4	3	2	1	□ 自分から他児に話し掛けたり、一緒に遊んだりしている。 □ 自分の使っている物を貸してほしい時や遊びたい時などに、自分から友他児に言葉掛けなどをしている。
2		日常的に交流の少ない相手にもかかわる。	4	3	2	1	□ 教室に初めて参加した家族や学生などに挨拶している。 □ リーダーや他児に会った時に、相手の質問に応じたり、話しかけたりしている。
3		自分の思いや意見を何らかの手段で表現する。（手段：表情、身振り、音声や簡単な言葉、補助手段など）	4	3	2	1	□ やりたいことや、やって欲しいこと、欲しい物などを、表情や身振りで相手に伝えている。 □ やりたいことや、やって欲しいこと、欲しい物などを、音声や簡単な言葉で表現している。
4		集団の中で意欲的に行動する。	4	3	2	1	□ 皆の前に出て活動に参加している。 □ 他児やリーダーの動きを見て、自分でも挑戦している。
5	②大人との関係	親やリーダーを信頼して心を開く。	4	3	2	1	□ リーダーや親など特定の大人が近くにいることで、落ち着いて取り組んでいる。 □ リーダーや親など特定の大人に自分の気持ちを伝えたり、大人の話を聞いたりしている。
6		他児の親や学生スタッフとのかかわりを受け入れる。	4	3	2	1	□ 他児の親や学生スタッフなどとの話が弾んでいる。 □ 他児の親や学生スタッフなどの大人からの言葉がけで、一緒に活動している。
7		自分から身近な大人に関わる。	4	3	2	1	□ 自分から家族やリーダーに、話しかけたり、遊んだりしている。 □ 自分の知っている大人に話しかけたり、相手の顔を見たりしている。
8	③他児との関係	他児との関わりを受け入れる。	4	3	2	1	□ 他児の話を聞いている。 □ 他児からの言葉に応じ、一緒に活動している。
9		他児のことを考えて発言する。	4	3	2	1	□ 他児を励ましたり認めたりするなど、相手の気持ちになって言葉がけをしている。 □ 注意や助言など、他児のためになると思ったことを伝えている。
10		他児のことを考えて行動する。	4	3	2	1	□ 他児が困っているときの手伝いをするなど、他児のためになることをしている。 □ 他児の気持ちを察して、自分勝手な行動をしない。
11	④落ち着き	自分から気持ちを立て直す。	4	3	2	1	□ 気持ちが高ぶっているときなどに、自分の気持ちを落ち着かせている。 □ 嫌なことや苦手なことなどに対して、気持ちを整えて取り組もうとしている。
12		これまでできなかったことに取り組む姿勢が見られる。	4	3	2	1	□ 活動において、取り組める課題が増えている。 □ 他者とのかかわり方が良好になってきている。
13		一つのことを最後まで取り組む姿勢が見られる。	4	3	2	1	□ 活動を最後までやり通そうとしている。 □ 自分の役割や分担について意識ができ、やり遂げようとしている。
14		自分の行動を自分で決める。	4	3	2	1	□ 活動において、やりたいことを自分で選択している。 □ 活動の課題について、内容を理解し見通しをもって主体的に参加している。
15	⑤意欲	肯定的な言葉がけにより安定する。	4	3	2	1	□ 褒められることにより、気持ちが落ち着く。 □ 気持ちが沈んだりしていても、励まされることで気持ちが落ち着く。
16		肯定的な言葉がけにより嬉しそうにする。	4	3	2	1	□ 褒められることにより、笑顔になったり、嬉しそうな様子が見られたりする。 □ 自分の行いが認められることで、嬉しい様子を身体で表現している。
17		新しいことができると嬉しそうにする。	4	3	2	1	□ 新しい活動に取り組むことができたとき、笑顔になったり、嬉しそうな表情になったりしている。 □ これまでできなかったことができたとき、笑顔になったり、嬉しそうな表情になったりしている。
18		肯定的な言葉がけにより次への意欲につながる。	4	3	2	1	□ 褒められることで、自分から次の課題に取り組もうとしている。 □ 自分の行いが認められることで、活動に意欲的に取り組む。
19	⑥場に合わせた行動	相手の要求を受け入れる。	4	3	2	1	□ 欲しい遊具が他児と重なったときに、他児に譲っている。 □ 他児やリーダーから頼まれたら、断らずに取り組む。
20		相手の指示を受け入れる。	4	3	2	1	□ リーダーの言うことに従っている。 □ リーダーや他児から言われたことを理解し、断らずに取り組む。
21		ルールを守って行動する。	4	3	2	1	□ 遊具を所定の場所に置いたり、列に並んで順番を待ったりするなど、決まりを理解して行動している。 □ 他人の持ち物を勝手に使わないなど、してはいけないことを守っている。
22		集団の雰囲気になじんでいる。	4	3	2	1	□ 集団の活動の中で、他者がしていることに関心をもっている。 □ 集団の活動の中で、他者と共に活動している。
23		集団の活動に合わせて行動する。	4	3	2	1	□ 集団の活動の中で、早くやりたくても自分の順番を待っている。 □ 集団の活動の中で、他者を見て自分に合わせた動きをしている。
24		状況に応じて臨機応変に行動する。	4	3	2	1	□ 予期しない事態になっても、気持ちを落ち着かせて、状況に応じて行動している。 □ 自分の順番でも困っている他児に譲るなど、場の状況に合わせて行動している。

東京都教職員研修センター（2012）をもとに一部修正して筆者作成。

第5章 発達障がい児の自尊感情を支える「創造的身体表現遊び」 123

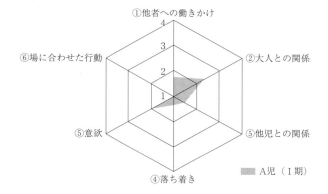

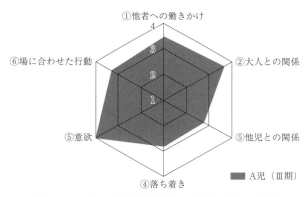

図5-1 A児の自尊感情傾向（Ⅰ期）及び（Ⅲ期）

　対象児全員において、全体的な向上が見られた。特に、6つの観点のうち、観点②の「大人との関係」は総じて高い得点を見せており、継続してかかわった大人（リーダー、母親、学生スタッフや他児の母親）との良好な関係が構築されていたことが分かる。このことは、第4章の結果に重なる結果となった。また、観点⑤の「意欲」も向上が見られた。肯定的なことばがけや承認によって、対象児がそれぞれに意欲を示していたことが分かる。B児のⅢ期については、他の観点に比べ、観点⑥「場に合わせた行動」の低さが目立つ。これは、第4章の研究結果も参照にすると、それまで無かった自己主張が増えた年であり、そのことにより他者とのやりとりが増え諦めずに訴え続けていた。最終的に要求が通った時に

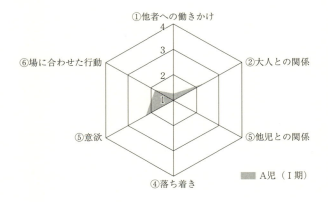

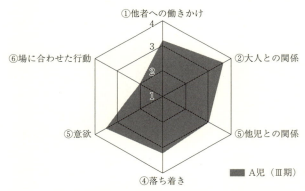

図5-2　B児の自尊感情傾向（Ⅰ期）及び（Ⅲ期）

は満足そうな表情を見せるが、その過程においては、相手の指示を受け入れなかったり、集団の雰囲気になじんでいないように見えたりする場面が多く記録されていたことが主な理由になると考えられる。

第5章 発達障がい児の自尊感情を支える「創造的身体表現遊び」

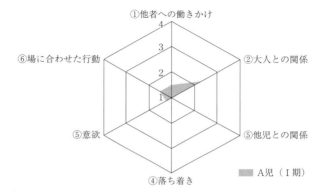

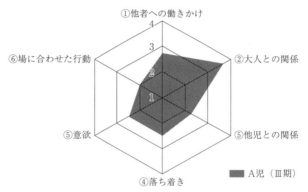

図5-3 C児の自尊感情傾向（Ⅰ期）及び（Ⅲ期）

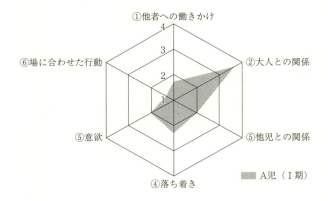

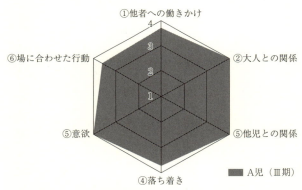

図5-4　D児の自尊感情傾向（Ⅰ期）及び（Ⅲ期）

5.4 【研究5-③】自尊感情傾向と関連する「創造的身体表現遊び」の場面の分類

5.4.1 方法

【研究5-②】において、対象児の自尊感情傾向が高い（4段階で4の評定）と判断された事例について映像データを抽出し、活動内容を記述する。記述された内容を一場面ごとに切片化し、KJ法による分析を行い、それぞれの意味単位に対して説明する概念を付与する。

さらに、それらの概念の類似性に従い分類して共通性からカテゴリーを形成する。抽象度を増すために同様の作業を繰り返し、最終的にコアカテゴリーとして内容の主題を命名し、その出現比率を算出した。2名（筆者とムーブメント教育指導者資格保有者で対象となる実践に携わった者）が別々に判断したものを合わせることにより、分類の結果の正当性を追求した。映像記録の詳細把握の参照資料として、親が残した感想文とスタッフによる参与観察の記録を補足的に取り扱った。

5.4.2　結果

自尊感情傾向を把握するための他者評価シートにおいて、最も高い「4」の評定はⅠ期にはD児の3項目に限っていたが、Ⅲ期に入ると、A児、B児、D児の3名について、複数の項目で見られるようになった。この評定「4」と判断された場面の内容に関して記述したものから974の記述が抽出され、分析の結果、次のような6つのコアカテゴリーに分類された（表5-2）。

(a) 母子間の愛着関係の深まり

自尊感情傾向他者評定シートの項目「5：リーダーや親を信頼して心を開く」に関しては、対象児全てがⅢ期に「4」の評定となっていた。母親と対象児の間での愛着関係が深まり、見つめ合い、微笑み合いの様子、情動的交流や身体的共振が見られる場面が多く記述されており、具体的には、親子のふれあい遊びや解け合うようなペアダンスの場面に多かった。また、お名前呼びの後、子どもが母親のもとに嬉しそうに駆け寄って戻り母親が抱きしめる場面も特徴的であった。

(b) 個々の発達段階に適応した課題

構造化された課題プログラムにおいて、その環境が子どもの積極的な反応を引き出している場面においては、対象児がそれぞれに、評価項目「4：集団の中で意欲的に行動する」や「12：これまでできなかったことに取り組む姿勢が見られる」、「13：一つのことを最後まで取り組む姿勢が見られる」、「17：新しいことができると嬉しそうにする」の複数の項目で評定「4」と評価された。対象児の発達段階に合わせた適度な難易度をもつ課題そのものが、子どもが主体的に挑戦し

表5-2 ASD児の自尊感情傾向と関連する「創造的身体表現遊び」の場面の分類

カテゴリー分類	記述数	%	場面の特徴
(a) 母子間の愛着関係の深まり	205	21.1	母子での見つめ合い、触れ合い、微笑み合いの姿。母子間に情動的交流や身体的共振が見られる場面。
(b) 個々の発達段階に適応した課題	123	12.7	適度な難易度をもつ課題、(もうちょっとでできそうな)発達段階に合った課題に子どもが主体的に挑戦したり没頭したりしている場面。
(c) 肯定的なことばがけや承認	244	25.2	周りの大人から「きっとできるよ〜」等の励ましや応援のことばを受けたり、「すごいね〜」や拍手等の承認を受けたりしている場面。
(d) 自己意識・他者意識	20	2.0	一人一人に注目が集まったり、あるがままを互いに受け入れてもらったりしている様子。お互いに他者の存在を意識している場面。
(e) 自己決定・自己表現	66	6.8	自分で選んだり、活動内容を自分で決定したり、展開を主張したり、自由に表現したりしてい場面。
(f) 他者との共有体験	316	32.7	他者と「共に何かをする」ことが見られる場面。
(f)-1 リズムや動きの共有	85	8.8	他者と同じリズムやスピード、タイミングで動いていて同調している場面。
(f)-2 物や空間の共有	86	8.9	遊具を共有したり空間を共有したりしている場面。
(f)-3 意思の共有	56	5.8	他者とのかかわりの中で、物のやりとり、役割の交替、合図の理解、問いかけへの反応等、基本的なコミュニケーションが成立している場面。
(f)-4 場や経験の共有	89	9.2	単なる物理的な空間だけではなく、ストーリーやテーマ、雰囲気を共有している場面。
記述総数	974		

第 5 章　発達障がい児の自尊感情を支える「創造的身体表現遊び」　129

たり没頭したりしている姿に関係したと考えられる。

(c) 肯定的なことばがけや承認

Ⅲ期には、対象児 4 名のうち 3 名が、他者評価シートの項目「15：肯定的な言葉がけにより安定する」、「16：肯定的案言葉がけにより嬉しそうにする」、「17：肯定的な言葉がけにより次への意欲につながる」の項目で評定「4」がついた。（残り 1 名も評定「3」であった。）周りの大人から「きっとできるよ」等の励ましや応援のことばを受けたり、「すごいね」や拍手等の承認を受けたりしている様子が記述された場面と関連があり、25％を超える高い割合で見られた。

(d) 自己意識・他者意識

評価項目「8：他児との関わりを受け入れる」、「9：他児のことを考えて発言する」において、D 児が評定「4」となっており、これは、次の人に遊具を渡したり、一緒に課題に取り組む人を指名したりする場面や自分なりの表現を見せ合って模倣する課題等、一人一人に注目が集まり、自他の意識が高まる場面における評価となった。

(e) 自己決定・自己表現

サーキットプログラムのコースや使用する遊具の種類や色を自分で選んだりする場面で、評定項目「14：自分の行動を自分で決める」において、B 児と D 児が Ⅲ 期に評定「4」となっており、評価項目「3：自分の思いや意見を何らかの手段で表現する」において、A 児、B 児、D 児の 3 人が Ⅲ 期には評定「4」となった。活動内容を自分で決定したり、さらに全体の展開を提案したり、自由に身体で表現したりしている場面が見られた。

(f) 他者との共有体験

評定項目の観点「①他者への働きかけ」、「②大人との関係」、「⑥場に合わせた行動」における複数の項目で評定「4」となった場面には、対象児が「他者と何かを共有する」様子が見られた。

下位カテゴリーとしては、「(f)-1 リズムや動きの共有」では、他者と同じリズムやスピード、タイミングで動いていて同調している様子、真似っこ遊び、模

倣、ダンスムーブメントの活動に見られた。「(f)-2 物や空間の共有」は、二人でスカーフを一緒に持ったり、フープの中に一緒に入ったり、または、パラシュートのドームに全員で一緒に入ったりと、遊具を活用した様々な展開において、「共に居る」状態が生じている場面である。「(f)-3 意思の共有」は、他者とのかかわりの中で、物のやりとり、役割を交代する、合図を出して理解する、問いかけに応える等、基本的なコミュニケーションが成立している場面である。「(f)-4 場や経験の共有」は、単なる物理的な空間に留まらず、ストーリーやテーマ、目的を共有して集団で活動する場面や雰囲気を共有している場面であり、このような場面において、評定項目の「22：集団の雰囲気になじんでいる」においては、Ⅲ期においては、A児、B児、D児の3人の評定が「4」となった。

5.5 考察

分析の【研究5-①】、【研究5-②】、【研究5-③】の結果を受けて、「創造的身体表現遊び」の特徴について、先行研究による見解を交えながら考察する。

5.5.1 豊かな共有体験

前述したように、自尊感情は社会的自尊感情と基本的自尊感情の2つに大別してとらえることができるが、近藤（2010）によれば、これらは成り立ちが違い、高めるための働きかけも違っている。社会的自尊感情は、先に述べたような成功体験や役割獲得の体験を積んで、自己効力感を高めることで育んでいくことができるが、基本的自尊感情については、「共有体験」が重要であると主張している。角田（1991）は、共感性について他者理解を前提とした感情・認知の統合であるとした上で、「能動的または創造的に他者の立場に自分を置くことで自分とは異なる存在である他者の感情を体験すること」と述べている。発達障害では、一般にコミュニケーションの障がいが根底に在る場合が多く、まさに共有や共感の障害であると考えられる。近藤（2010）は、日常の共有体験の重要性を唱え、本来、日常生活の中で無数に繰り返し体験するはずの共有体験の少なさに、現代の子どもたちの自尊感情も問題があるのではないかと論じている。そして、この共有体験の減少はまさに遊び体験の減少であると考えられる。

「創造的身体表現遊び」の活動分析においては、自尊感情傾向が現れる場面の特徴として、「(f)-1 リズムや動きの共有」、「(f)-2 物や空間の共有」、「(f)-3 意思の共有」、「(f)-4 場や経験の共有」といったカテゴリーを抽出した。これらは、豊かな「(f) 他者と共有体験」であり、発達障がい児の自尊感情を支える重要な要因となっていると考えられる。

5.5.2 自己効力感を高める

自尊感情と密接な関連性を持ち影響要因として無視できないものに「自己効力感（Self-efficacy）」があり、一般的な用語では「自信」と言われるものである。Banndura（1977；1986）は、自己効力感とは、「特定の状況下において必要な行動を効果的に追考できるという信念であり、自己の行動に関する可能性の認知」とし、自己効力感を高める要因について論じている。本研究の定義においては、この自己効力感について、自分自身を「価値ある存在としてとらえる」ための重要な要素として、自尊感情の一部として扱う。ここでは、自己効力感を高める要素を3つあげて考察する。

(1) 達成体験と適度な課題

Banndura は、自己効力感を高める最も強力な要因として、「達成体験」をあげている。池田（2010）も、ある問題や課題を自分がクリアーすることができたと感じることや、それまでできなかったことを「できた」と感じることは、自己効力感の向上には不可欠であると述べている。提示された課題に取り組むための発達が十分でない場合、自己効力感にマイナスの影響が及ぼされる可能性が高い。すなわち、子どもは「できない」と感じ始めると、参加しようという気持ちが低下し、また、他の子どもがその子どもの能力を低く評価すると、集団に居ること自体に否定的な感情が生じることになり、積極的な参加に問題が生じていく。

さらに、「達成体験」においては、取り組む課題の難易度が重要になってくる。適度の難易度を持ち、なおかつある程度成功経験が得やすい課題が望ましいとされる。すなわち、いくら周りが達成を認め賞賛しても、本人にとっては満足できなければ意味がなく、逆に、もっとハイレベルなことができたのではないかと考え、これだけしかできていない自分ととらえてしまうことで、自己効力感を低下

させる可能性もある。そうならないためには、現在の自分が努力することで達成できる「身近な目標」を設定させることが必要であると考えられる。そして、それができたならば次に達成する「中くらいの目標」、そして「遠い目標」とステップアップさせる取り組みの中で、対象児が今もっとも没頭して挑戦できる適度な難易度の課題が必要である。

「創造的身体表現遊び」において、「(b) 個々の発達段階に適応した課題」のカテゴリーに現れたように、一人ひとりの個性を尊重したプログラムは、子どもの「からだ・あたま・こころ」の全体的な発達の現状を踏まえ、それらに応じて個別化された活動としてデザインされたものである。そこには、「やってみたい」「達成してみたい」子ども自身が主体的に挑み、伸びや成長を実感できる機会が準備されており、自己効力感を高める効果があると考えられる。

(2) 肯定的ストローク

肯定的ストロークとは、心理学の交流分析の分野において使用された言葉だが、肯定的なことばがけや働きかけ、拍手や笑顔などの反応を指す。Banndura (1986) は、自分の能力や達成可能性に対して他者から肯定的な言葉をかけてもらい励まされることや自分の行為の結果に対するフィードバックとして他者からの承認や賞賛などの肯定的な情報を得ることが必要であると述べた。その頻度や質が重要な問題で、例えば、ネグレクトは最も自己効力感を低下させるし、大げさでわざとらしい評価、抽象的すぎる評価が子どもに信用されなければ効果がないということになる。池田 (2000) は、子どもは自分がやったことに対して、周りから言葉による評価を得たり他者との関係性について共に確認したりすることの大切さについて述べている。頼られたり感謝されたりしたときなどにも、他者の言葉によるフィードバックによって、自分の行為の意味について理解することができる。発達障がい児にとって、自分がしたことをふりかえること、他者から承認されていることに気づくことは難しい場合が多いので、うまくできたときには、すぐに、わかりやすく具体的な肯定的な言動で示すことが必要である。

「創造的身体表現遊び」の場面分析から抽出したカテゴリーにおいては、「(c) 肯定的なことばがけや承認」がある。さらに、この場面の内容の特徴を見ると、肯定的ストロークを可能にするための「創造的身体表現遊び」の具体的な方法は、①スモールステップによる課題設定と②競争の排除、の2つにあると考える。

①スモールステップによる課題設定

「創造的身体表現遊び」はムーブメント教育の理念にそって「スモールステップ」による課題を用意しプログラムを展開する。例えば、「平均台を歩く」という運動課題にむけて、スモールステップの活動案を考えていくと、「床に置いた形板の上を歩く」、「ロープの道（15cm）を歩く」、「ロープの道（10cm）を歩く」、「1本のロープの上を歩く」、「低くて幅広の歩行板の上を歩く」、「平均台の上を自分でできる方法で移動する」、「補助者の手を取りながら平均台の上を交互に足を出して歩く」、「平均台の上を一人でゆっくり歩く」などに細分化することができる。このようにすれば、最終課題に到達するまで、時間と回数はかかるが、その分、成功体験が増え、一つ一つに肯定的な対応が可能になる。子どもにとっても大人にとっても、その体験が自信と喜びに変わるのである。また、子どもは、様々な環境から影響を受けるので、同じ子どもでも、時と場合によって、臆病であったり大胆であったりする。「今、ここで」を大事にするには、子どもを取り巻く状況に応じて課題を提示する必要がある。「創造的身体表現遊び」においては、ムーブメント教育の理論に基づいて、一人ひとりにとって何が発達的に適切な挑戦であるかを理解し提供することができ、同時に一つの課題に対して、その困難度に応じて順序づけたスモールステップをいくつも準備して提示することができる。このことによって、子どもたちは「(c) 肯定的なことばがけや承認」を受ける機会を多く得ることができたと考えられる。

②競争の排除

自己効力感は、他者や過去の経験と比較した有能さの自己評価であり、目標を達成したときや進歩が見られたときに高まり、「自信」と密接に関連していく。運動スキルの習得や体力の向上を実感できることは、子どもの有能感の増大に直結し、積極的な自己概念につながっていく。しかし、達成や成功から得る有能さを求め、「競争」が使われると、勝ちと負けが有能さを測る基準となり、そこには、必ず、負けて失敗する子どもを生み出すこととなる。ムーブメント教育においては、「競争排除の原則」が掲げられており、他者との競争の場面を極力少なくするべきと考えられており、「創造的身体表現遊び」においても、競争の要素を活用しない。体育やスポーツの分野には、健全な競争のための機会が当然のように設定されているが、Gallahue（1996）も、競争ではない方法で有能さを示す必要

性を説いており、競争は決して教育的な体育プログラムの中心にはなりえないとし、子どもが運動有能感を十分に発達させ、また、競争的場面における協力行動を評価できるようになるまで競争をさせてはいけないと論じている。

「創造的身体表現遊び」においては、競争する場面は全くなく、新しいことに挑戦する気持ちを応援したり、子ども同士が活動中に互いに認め合うことを促進したり、協力的な存在として集団に協力していることを確認したりすることで、「(c) 肯定的なことばがけや承認」を得て自己効力感を高めていたと考えられる。

(3) 代理体験と身近なモデル

Banndura は、「達成体験」ほど強力ではないが、「代理経験」という言葉をあげ、実際に自分で達成した経験を持っていなくとも、他者がやり遂げたという経験を観察し、他者がモデルになってそれが可能であるという見通しを持てば、自分自身の自己効力感を高めることになると論じた。一方、池田（2010）は、「成長のモデル」という言葉で、Banndura の「他者経験」に近い概念を説明している。これは、「重要な他者」ともなりうる身近なモデルの姿が子どもたちの目に、肯定的あるいは憧れとして映るようであれば、子どもたちは自分もああなりたいと考え同一化していくというものである。

「(d) 自己意識・他者意識」というカテゴリーに分類された場面の活動は、集団に「居る」だけで得られる代理体験の働きをさらに高めていると考えられる。この「代理経験」では、モデルとなる他者の属性が重要で、例えば、プールに飛び込めない子どもの前で競泳選手が泳いでも有力な情報にはならず、年齢や性別や発達段階など自分に近い属性のある者や日常的に接している相手が自信をもってその行為をしていることが最も効果的である。かつての豊かな遊び環境においては豊かなかかわりがあり、子どもたちは直接的に「代理経験」による自己効力感を高めることができたが、昨今の状況の変化はこれを阻害している（大芦,2010）。このような点から考えると、親や支援者が遊び相手になってしまいがちな発達障がい児にとっては、故意的に集団遊びの体験を促す必要がある。

「創造的身体表現遊び」においては、ムーブメント教育の考え方に従って、たとえ部屋の片隅でも、少し離れていたとしても、その子が集団の活動を見たり聞いたりして感じ取ることのできる場に居たのならばそれだけで意味がある、場に居ること自体がまず集団活動への参加であり重要な経験であるととらえている。

近年の脳科学の進展における「ミラーニューロン」（リゾラッティら, 2009）の発見がさらにその考え方を後押ししている。

本研究においても、最初の頃は集団活動に参加していなかった（参加していないように見えていた）発達障がい児が、数ヵ月後、突然に集団の輪の中に入ってきて、まるでこれまでの一緒に活動していたかのようにスムーズな展開を見せたり、他者の動きをじっと観察していて、突然同じようにやり始めたりすることが見られた。また、「創造的身体表現遊び」においては、お互いの動きや表現を分かち合う展開を大事にしており、自己意識や他者意識を刺激しながら、代理体験を経て自己効力感を高める機会を豊富に有すると考えられる。

5.5.3 自己決定・自己表現

発達障がい児は、指示待ちになったり、他者の決定に依存したりする傾向が多くみられる。先述したように、発達障がい児が定型発達児に比べて、日々の生活の中で、失敗経験を重ねてしまいがちで、その中で、「どうせやっても自分ではできないから」と意欲や自信を無くし、結果的に、能力を発揮することを怖がったり嫌がったりして、「自己決定」や「自己表現」をする機会を失い、悪循環に陥ってしまう。Wehmeyer ら（2000）は、自己決定とは、「自分の生活や生き方において大切なことを実現できるように、自分が主体となって行動すること。他からの不当な影響や干渉に縛られることなく、自分の QOL に関して自分の意思で選択したり、決定したりすること」と定義している。世界保健機関（WHO）によれば、自己決定はあらゆる文化に普遍的なものであり、また障害のある人々の QOL にかかわる重要な要因として掲げられるようになった（Schalock, 2002）。さらに、日本国憲法第13条にあるように、自己決定権は、幸福追求権を構成する人権の一つと解釈されており（古屋・三谷, 2004）、これまで、主に福祉の領域において発達障がい者の自己決定に関する議論が行われ、2000年の社会福祉基礎構造改革においては、基礎理念の一つに掲げられた。しかし、子どもを対象とした自己決定については、議論が不十分である。よりよい自己決定のためには、子ども時代からの積み重ねが大事である。障がい児教育の分野でも、自己決定についての研究が少しずつ報告されるようになっている（千葉, 2003；遠藤・鈴木, 2003；長澤, 2001；高垣・池本, 2001）が、特に、発達障害の特性に配慮して、発

達障がい児が自ら目標を持ち、主体的にやってみようという意欲を育て、自分で判断して自分で決める体験を積み、自己決定力を養っていくための教育や療育がもっと重視されるべきである。

　小島・石橋（2008）によれば、発達障がい児の自己決定支援においては、自己決定にかかわる内容について十分な情報と選択肢の提供が重要である。選択肢提供の具体的な段階として、①「二者択一（赤と青どちらがいい？）」、②「複数の選択肢を説明した上での選択（「赤、青、黄色、緑があるよ、何色がいい？」、③「選択肢を提供する情報ではなく、選択肢を引き出すかかわり（どんな色が好き？）」、④「選択肢を提示しないで選択させる（何色がいい？）」といった4段階を示しているが、このような課題は、「創造的身体表現遊び」においては豊富に組み込まれており、カテゴリー分類では、「(e) 自己決定・自己表現」に分類された場面に見られた。「創造的身体表現遊び」には、選択肢がある課題、答えが一つではない活動、一人ひとりが違うことが尊重される自己表現の活動を大事にプログラムが考案されており、発達障がい児にとって、楽しみながら「自己決定・自己表現」の体験を多く得たことが自尊感情の向上につながったと考えられる。

5.5.4　所属感と居場所

　Gallahue（1996）が言うように所属感は、肯定的な自己概念の重要な側面である。針塚・遠矢（2006）は、発達障がい児にとって支援の場は、「療育」の場であるだけでなく、「居場所」としての機能を果たすことが不可欠であると述べている。杉本・庄司（2006）は、「居場所」の心理的機能について、被受容感（自分を受け入れ理解してくれる人がいると思う気持ち）や精神的安定（無理しないで居ることができる）等があることを指摘している。

(1) 親との愛着関係を土台に

　子どもの安心感は、重要な他者である親（養育者）や教師との同一化から生まれ、同一化は所属感を生み出し、心理的な居場所を得ることにつながる。「創造的身体表現遊び」のカテゴリー分類では、「(a) 母子間の愛着関係の深まり」として分類された場面が、まずは、子どもの心理的居場所に深く関係すると考えら

れる。愛着（アタッチメント：Attachment）とは「子どもが母親や主要な養育者との間で形成させる強い愛情の絆（affectional tie）」であり、乳児が乳を吸う、しがみつき、後追い、泣き声、微笑などの愛着行動を媒介にして、母親から身体的接触、揺り動かし、声掛け等の母性行動を引き起こさせる。この母子相互作用により愛着が形成され、この相互作用の量が増えるとともに、関係はより親密になり、乳児にとって生まれて初めての人間関係を形成していくことになる。同時に、自らの発信が、継続的に、母親の愛情のこもった適切な応答に結びついていくことは、乳児が自己に対する信頼感を獲得することにつながっていくと考えられている。親も子も「一緒に何かをすることが楽しい」という気持ちを共有することが自尊感情の土台づくりになる。しかし、発達障がい児は、養育者（特に母親）との関係において、困ったときや不安なときに養育者を求める行動を見せなかったり、目を合わせない、問いかけに注意を向けないといった行動をとったりすることで、養育者に「育て難い」と感じさせることが多く、戸惑いや困難さから、負の循環が生まれ愛着形成に困難が生じる場合がある。よって、養育者との愛着関係を深めるために、互いに見つめ合い、互いに反応し合うような行動を引き出す親子参加型の活動は重要であると考えられる。

　久保田（1996）は、母親の調整のもとにうまく噛み合いながら展開される二者間の相互作用的行動が日常の生活の中で反復されること、換言すれば、行動の連鎖の規則性と肯定的な情動の共有とが、母親との関係の中で繰り返し体験されることは、後の子どもの自己やパーソナリティの形成、および母親についての表象の形成に深くかかわっていると述べている。三宅・伊藤（2002）は、遊びを通して大人と快の情動の共有を得た発達障がい児のコミュニケーション行動に変化があったと指摘している。また、矢吹（2005）は、Trevarthen（1978；2001）らの論を分析した上で、養育者と楽しむ喜びを得た乳児は、周囲の状況に関心を深め、他者との関係でも、物との関係でも活発になるとまとめている。

（2）受容的な場で親や他者と体験を共有する

　また、Bowlby（1969）によれば、原初的乳児と養育者との二項関係であるこの「向き合う関係」の体験を結ぶことで、子どもは初めて他者との関係をつくるということを体験していく。そして、子どもと養育者が並んで何らかの対象を見つめることで、三項関係が成立する。北山（2005）の「原象徴的三角形」によれ

ば、幼少期の親や養育者との信頼関係の中で生まれる「共視＝共同注視」による深い感情の交流は極めて重要である。「向かい合う関係」ではなく「並ぶ関係」において共通の対象を見ることが他者との関係を深める効果につながるのである。子どもは「自分の感じ方が隣にいる信頼できる他者（親）と同じだ」ということを確認し、「自分の感じ方はこれでよいのだ」、「自分はこれでよいのだ」、「自分はここにいてよいのだ」と確認することで安心し、所属感や居場所の意識を持つことができる（北山, 2005）。

このような論をもとにした「創造的身体表現遊び」のプログラムを見ると、「(a) 母子間の愛着関係の深まり」のカテゴリーに分類されたような親子ペアで見つめ合い、触れ合う活動もが充実しており、同時に親子関係の深まりに相乗して、親子で参加できる集団活動が基軸にある点も重要である。親子で同じものを見て、同じ経験をすることが可能なのは、「創造的身体表現遊び」が「(f) 他者との共有体験」の場面を豊富に有しているからである。このことが発達障がい児の母子関係を支え所属感や居場所の意識を高めると考えられる。

さらに、「創造的身体表現遊び」においては、子どもが集団に所属していると感じることができるような様々な「(f) 他者との共有体験」を通して、一人ひとりの名前を覚えて呼びかけたり、子どもの特徴を認めたりする「(d) 自己意識・他者意識」に焦点を当てた活動、「(e) 肯定的なストローク」による個々の主体性を大事しながら集団を盛り上げていく展開が、「我々（私たち）」の感覚が育つような取り組みがつながると考えられる。

「創造的身体表現遊び」は受容的な遊びの場である。参加者が安心して身を委ね参加できる原点に、自尊感情を支える要素が内在している。安心感は、重要な他者（第一に親）との同一化であり、さらに、集団の中でありのままの自分が、愛され大切にされ受容されていることに気づくことである。「創造的身体表現遊び」の活動において、他者とのかかわりから得られる「自分はこの集団の仲間なんだ」「仲間から受け入れられている存在だ」という「所属感」が自尊感情の支えとなったと考えられる。

5.6 小括

本章では、発達障がい児の自尊感情を支える「創造的身体表現遊び」の特徴や

効果について明らかにすることを目的に、3つの研究を実施した。

　まず、【研究5-①】において、先行研究の分析から自尊感情の定義や構成因子を明らかにし、本研究において適用できる尺度を作成した。

　続いて【研究5-②】においては、「創造的身体表現遊び」の実践記録におけるASD児4名を対象に、【研究5-①】によって作成した尺度を用いて自尊感情の変化を分析した。

　さらに、【研究5-③】において、【研究5-②】において自尊感情の高まりと関連すると判断された活動場面について特徴を分類した。

　これらの結果を受けて、自尊感情を支える「創造的身体表現遊び」の構造として以下の4点について考察した。

　①「創造的身体表現遊び」には様々な共有体験が内在している。共有体験は基本的自尊感情に大きく関与するものである。

　②「創造的身体表現遊び」の活動は、自己効力感を高める。「創造的身体表現遊び」においては、一人ひとりの発達段階に適した「もう少しでできるようになる」課題を重視して設定する。このことが達成体験に結びつきやすい。また、スモールステップで「できる」場面を多く用意したり、他者との競争場面をできる限り減らしたりすることで、周囲からの肯定的ストロークが増えることも効果的である。達成体験に次いで代理体験も自己効力感につながるとされているが、共に集団に居ることで身近なモデルである他児や学生スタッフがすることを見ることも自己効力感を高める。

　③「創造的身体表現遊び」においては、自己決定や自己表現の場面が豊富に設定されており、選択肢のある課題、答えが決まり切った一つではない課題、一人ひとりが違うことが尊重される自己表現の場面が自己決定や自己表現の経験を促し、自尊感情を高める。

　④「創造的身体表現遊び」の場が発達障がい児にとって、居場所となり所属感を高める。そのことには、まずは、母子間の愛着関係の深まりによる心理的居場所の獲得が影響している。さらに、他者との共有体験や一体感を強調する活動を

通して場そのものが居場所となり、継続して参加することで所属感が生まれてくる。

(註) 本章では、大橋さつき（2015）自閉症スペクトラム障がい児の自尊感情を支える集団遊び——「創造的身体表現遊び」における継続的実践を通して——、日本特殊教育学会第53回大会において発表された内容を一部修正して活用した。

第 6 章　総括

　本章では、総括として、まず、前章までの内容をまとめ要点を整理する。次に総合的考察として、発達障がい児支援における今日的課題にあらためて照らし合わせながら、発達障がい児支援における「創造的身体表現遊び」の理念や発達支援のあり方、意義について考察する。最後に本研究の限界と今後の展望について述べる。

6.1　各章のまとめ

　第1章の序論では、まず、研究の動機と経過、背景についてまとめ、本論文の目的と構成を示し、用語の整理を行った。本研究は、ムーブメント教育と身体表現活動を基盤に展開してきた筆者独自の実践を「創造的身体表現遊び」と名づけ、その特徴を明らかにし、発達障がい児支援における「創造的身体表現遊び」の理論構築を試みることを目的とした。

　第2章では、まず、【研究2-①】において、これまでに筆者が実践してきた60のプログラムの記録を対象に内容を整理し特徴を明らかにした。続いて【研究2-②】では、発達障がい児の母親による自由記述をもとに、「創造的身体表現遊び」に参加した発達障がい児の変化の様相を明らかにした。【研究2-①】と【研究2-②】の考察の結果、発達障がい児支援における「創造的身体表現遊び」の可能性として、次の3つ仮説を得た。

　①「創造的身体表現遊び」は、発達障がい児が主体的に「動きたくなる」環境を提供し、発達障がい児の身体運動能力の発達を促進する。

　②「創造的身体表現遊び」は、集団で活動する場面や他者とのやりとりを促す活動が多く、発達障がい児のコミュニケーション能力の向上に機能している。

　③「創造的身体表現遊び」は、喜びや満足感、達成感、意欲の向上を支える要素が強く、発達障がい児の自尊感情の低下を防ぐ効果がある。

これらを受け、第3章、第4章、第5章の研究を行った。
　第3章では、〈仮説1〉を受け、3年間継続的に「創造的身体表現遊び」に参加したASD児3名を対象に、MEPA-Rと空間関係把握検査によるアセスメントを実施し開始時と終了時の結果を比較した。MEPA-Rにおいては、様々な項目の変化から身体運動能力の向上が見られ、空間関係把握検査のおいても粗点の向上が見られた。これらの結果に実施プログラムの内容や対象児の変化の様相、先行研究による知見を合わせて総合的に考察し、「創造的身体表現遊び」において遊具や他者とのかかわりから自然に生み出される能動的な運動体験が、ASD児の身体意識の形成と空間把握能力の向上を促し、それらによって高度な身体運動能力を得て、さらに能動的で豊かな運動体験に通じるという好循環の可能性について論じた。
　第4章では、〈仮説2〉を受け、「創造的身体表現遊び」に継続的に参加したASD児4名の実践記録をもとに、他者との相互作用に関する分析を行った。その結果、対象児の他者との相互作用が成立する確率が高まったこと、かかわる相手によってコミュニケーションの相互作用の成立に差があること、活動の継続によって相手側の反応率が上昇したことが明らかになった。さらに、対象児と他者との相互作用が成立した場面の特徴のカテゴリー分類を行い、(a) 情動的交流・身体的共振、(b) 遊具の共有、(c) 遊びの流れの共有、(d) 模倣、(e) 自己決定・自己主張の5つを見いだした。
　これらの結果を踏まえ、「創造的身体表現遊び」におけるコミュニケーション支援の方法の特徴的な点として、コミュニケーションの「伝達」を中心とする側面だけでなく、「共有」の機能を重視して、身体で通じ合う体験を通して、何より「かかわりたい」という欲求を育むことをコミュニケーション支援の軸としている点を指摘した。また、遊びの場で様々なコミュニケーションの「型」をなぞることにより、コミュニケーションスキルを高めていくという方法を持つ点もその特徴として考察した。さらに、「創造的身体表現遊び」においては、コミュニケーション能力の発達を、個人の能力の変化という見方ではなく、子どもが生きている社会や共同体における営みや活動に現れる「関係」の有り様の総体の変容としてとらえていると論じた。
　第5章では、〈仮説3〉を受け、自尊感情を育む「創造的身体表現遊び」の機能を明らかにするために、まず、先行研究の分析より、自尊感情の定義と発達障

がい児に適用できる尺度を作成した。次いで、実践記録を対象に第4章で対象となった ASD 児4名の自尊感情傾向の変化を調査した。その結果、対象児の自尊感情傾向が上昇したことが明らかになった。

また、自尊感情傾向と関連する場面の分類から、「創造的身体表現遊び」が有する次のような構造が対象児の自尊感情を支えたと考察した。すなわち、「創造的身体表現遊び」は、①基本的自尊感情に大きく関与する「共有体験」を多く内在している、②一人ひとりの発達段階に適したスモールステップの課題設定による達成体験や肯定的ストローク、競争的場面の排除、集団活動による他者の存在から生じる代理体験等が自己効力感を高めている、③自己決定や自己表現の場面が豊富に設定されている、④受容的な場が居場所となり所属感を高めていることを示し、継続的に「創造的身体表現遊び」に参加することにより発達障がい児の自尊感情傾向が向上する可能性が示唆された。

6.2 「創造的身体表現遊び」における発達支援のあり方

本節では、前章までの内容を踏まえ、「創造的身体表現遊び」における発達支援のあり方について、発達障がい児支援における今日的課題と照らし合わせながら総合的に論じる。

「創造的身体表現遊び」においては、遊びの中で発達障がい児が主体的に動く姿が特徴的であるが、従来の障がい児支援においては、子どもの能力を平均的な発達の指標と照らし合わせ、「発達の遅れ」をとらえ、その「遅れ」を取り戻すために、支援者側の「させる」という関与や介入、「させる」ことを強いる働きかけが主流である。短期的な成果に目が奪われやすい昨今の療育現場では、子どもの主体性を育むことはいよいよ困難な状況にあると言えるだろう（小林, 2010）。特に、障がい児に「遊び」を指導することの意義について、井上（1998）は、社会参加を含めた様々な認知、運動能力の発達促進であることは言うまでもないが、そのように「遊び」活動から受ける発達的利益とともに、遊びの本質は、本人が楽しんで主体的に参加することに意義があるということを忘れてはならないと論じている。

鯨岡（2002）は、障がい児の教育や療育の場が、一方的な「能力向上」「障害の軽減」を目指して、「ひたすら『できること』を追い求め、ひたすら『させる』

働きかけ」をして発達促進を目指している実態を嘆き、「ともに生き、共有の世界を立ち上げる」ための他者との関係形成による発達支援を掲げている。発達障がい児支援においては、個体能力に焦点を当てた支援だけではなく、関係性に焦点を当て、他者と共に生き主体的にかかわる営みとしての支援が必要なのである。

　このような論を受け、あらためて、「創造的身体表現遊び」の発達支援のあり方について考えてみると、そもそも、「創造的身体表現遊び」においては、「遊びを原点」とするムーブメント教育の理論に基づいて、「発達の主体は子ども自身であり、子どもは『なすこと』によって、自分の力で学ぶ」(Frostig, 1976) という考え方が重視されている。子どもの発達は、十分に配慮された状況の中での、自らの「経験」によってもたらされるものだという考え方を軸としている。「創造的身体表現遊び」は、子どもにとって、「外からの強化によらない『能動的な学習』」(小林, 2001) の場であると言えるだろう。第3章、第4章、第5章に共通して、身体運動能力やコミュニケーション能力、自尊感情の高まりと共に対象児の主体的な姿が観察されている。このことは、「創造的身体表現遊び」の特徴であり、強制したり命令したりせず、様々な遊具や音楽や集団活動、空間の特徴を有効に活用した遊びの中で、子どもが主体的に「動きたい」、「かかわりたい」、「表現したい」と感じる場を提供し、子どもが自ら育つ力を支えているのである。すなわち、「創造的身体表現遊び」は、子ども自身が環境（遊具や他者）との対話の中で、能力の拡大を図る方法をとる。そして、「発達の主体」である子ども自身が遊びの場で得る出来事や体験こそが、子どもの発達に最も適した課題であると考える。子どもが自らの課題に出会い主体的に動き出す可能性の高い環境を提示することが「創造的身体表現遊び」の発達支援の理念であり方法であると言える。

　さらに、第3章、第4章、第5章では、それぞれに身体運動能力、コミュニケーション能力、自尊感情に焦点を当てて見てきたが、各々の考察を照らし合わせながら対象児の様相をあらためて総合的にとらえると、身体運動能力、コミュニケーション能力、自尊感情の高まりは、互いに影響し合い全体的な発達を支えたと考えられる。「動きたい」という主体性が能動的な運動体験に通じ、身体運動能力を高める。新たな動きの獲得によってかかわる世界が拡大すれば、「かかわりたい」という主体性がより高まり、そのことによりコミュニケーション能力の向上が期待される。そして、他者を知り、他者と向かい合い、他者と共に動き、

第 6 章　総括　145

他者とかかわって様々なことを共有する体験が、発達障がい児の自尊感情を支えていくのである。また、「創造的身体表現遊び」のプログラムは、対象児の発達過程に沿った課題を中心とするが、感覚遊びや情動的交流遊びの初期の遊びの要素も繰り返し取り入れており、包括的な遊びが体験できるのも特徴である。

　つまり、「創造的身体表現遊び」においては、人間の身体運動、コミュニケーション、自尊感情における発達の「広がり」と発達段階の「流れ（連続性）」を包括的にとらえ、総合的な遊び活動として提示していくことが可能となっている。このことは、発達の「遅れ」だけではなく「偏り」が特徴とされる発達障がい児の支援には重要な特徴であると考える。すなわち、発達障がい児の発達は、健常児の発達パターンとは違う独自の道筋をもつ可能性がある。筆者が抱いてきた彼らの発達の姿は、まっすぐな階段を順々に上がるというよりも、螺旋階段で上昇と下降を繰り返し、反復する中で時間をかけて上がっていくようなイメージである。

　そのような発達を支えるためには、標準的な発達から想定される課題を特化しマイナスを埋めようとして介入するアプローチ（従来の能力開発を目的とした対処療法的な訓練法）ではなく、様々な要素を含む包括的な遊びの場を繰り返し体験できる漸次循環的な方法が求められる。「創造的身体表現遊び」は、それらに応え、発達障がい児の主体的な育ちを支える可能性を有している。

6.3　今後の課題

6.3.1　本研究の限界

　本研究においては、発達障がい児の育成支援における「創造的身体表現遊び」の効果として、身体運動能力、コミュニケーション能力、自尊感情の3つの視点から仮説を提示した上で、3年間継続的（1、2ヶ月に1回のペースでの実施）に参加したASD児3名または4名を対象とした研究によってその効果を明らかにしようと試みた。

　しかしながら、本研究は過去の実践における限られた活動の記録を基にした研究であるため、対象児の数が少なく量の追究に不足がある。また「創造的身体表現遊び」の効果について言及するためには、「創造的身体表現遊び」を施さない

統制群を設けていない点に限界がある。統制群の設置においては、倫理的な面から統制群に含まれる参加者にとって不利益を生じる可能性もあるが、これらの点を慎重に検討しつつ、プログラムの一般化を目指し研究方法を工夫していきたい。

　また、一定の時間、活動を継続することで人間関係に慣れ、リーダーやスタッフとのラポールが形成され、当然、それらが対象児の反応に影響しているという可能性は否めない。第3章、第4章、第5章の対象となった3年間の取り組みにおいては、卒業や入学によって入れ替わる学生スタッフを除いて、ほぼ同じメンバーで活動を継続した実態の影響を考える必要がある。この指摘については、本研究の限界として確認すると共に、今後の研究において新たな視点として積極的に注目したい。すなわち、前節で述べたように、「創造的身体表現遊び」は豊富な共有体験を提示することを発達支援の軸としている。そのような体験を継続的に実施することによって、「メンバー間の交互作用がグループ独自の規範や文化を創出し、それがメンバー個々の行動に影響を与えるという相乗作用の中で全体としてのグループ（group-as-a-whole）が成長していく創発的可能性」（岩間, 2000）が生じていたと考えられる。発達障がい児支援において、「発達」や「障害」を子ども個人にのみに帰属させて判断することは不十分であり（鯨岡, 2011）、今後は、対象児のみではなく「集団」や「関係性」に着目した効果の実証に挑みたい。

　さらに、3年間という時間の経過に伴って対象児の能力が「創造的身体表現遊び」の経験にかかわらず発達したのではないかという指摘も予想される。「創造的身体表現遊び」が、対象児自身の主体性を支え、また、家族支援（特に母子支援）として作用し、日常生活においても好影響を与え、相乗的に対象児の発達を支えたと考えることもできる。今後、家庭や学校、地域との連携をさらに視野にいれ、改良を重ねるためにも、「創造的身体表現遊び」の実践と実践の間に、対象児が学校や家庭で経験している他の出来事との関係性をより詳しく検討する必要がある。

　共通性や普遍性の確保においては、映像記録をもとにした調査に筆者以外のスタッフの協力を得たり、筆者自身の記録だけでなくスタッフ間の意見交換で共有された気づき等の記録等も取り入れたりする工夫はしたが、質的なデータに基づく検討に筆者自身の志向性が介入することは否めず、事例抽出と考察の限界が認められる。

第6章 総括 147

　今後は、「創造的身体表現遊び」の理論構築に向けて、引き続き、実践の中でかかわりながら得た気づきや質的な視点を重視しながらも、上述のような本研究の限界を克服すべく、データ収集や実証方法について詳しく検討していきたい。

6.3.2　今後の課題と展望

　最後に、発達障がい児支援における「創造的身体表現遊び」の今後の課題と展望について、生涯支援、家族支援、地域コミュニティの構築の3点から論じる。

(1) 発達障がい児の生涯支援を目指した取り組みの中で
①早期発見・早期療育の課題に対して

　発達障がい児の早期発見からの支援システムの整備は、母子保健・福祉を扱う各自治体にとって喫緊の課題である。早期発見が可能になっても支援するシステムがなければ、親や家族の不安感や孤立感をいたずらにかきたてるだけの悪害にもなりかねない（柳楽ら, 2004）。税田（2012）は、発達障害の「早期発見」と「発達支援」は、車の両輪ともいうべきもので、共に整備される必要性を述べている。ゆえに、発達障がい児の早期支援においては、診断の有無にかかわらず、気になる段階から利用できる開かれた活動で、かつ、親にとって身近で敷居が低く参加しやすい支援の場が必要であると考えられる。杉山（1996）は、親子遊び教室のような活動による早期支援が重要であると述べ、初期の段階では、障がい児療育の色合いは極力出さない方が親は抵抗なく参加しやすく、グループで活動することで他児との比較から、親が子どもの発達上の問題にも気づき、受け入れ安いという特徴をあげている。「親子一緒に集団で行う」という形態が、子どもの発達支援だけでなく母親へのアプローチも可能とするとして親子教室（遊びの会）の意義が再認識されている（河野・伊藤, 2011）。

　本論文で述べてきたように、「創造的身体表現遊び」は、ムーブメント教育によるアセスメントを活用することで、発達の評価と支援が共に遊びの中に存在する。楽しい雰囲気の中で一人ひとりの個性を大事にしながら家族を丸ごと包み込む支援が可能であり、早期診断・早期支援における課題に対しても、具体的な対策を提供することができるだろう。

②学童期、青年期における活用の可能性

　ムーブメント教育を長年にわたり継続的に実施している特別支援校における調査研究（是枝・小林, 2001；是枝・小林, 2002；是枝ら, 2007；大橋, 2015）においては、健常児の運動発達における臨界期の年齢を超えて、発達障がい児の運動遂行能力が十代後半まで「ゆっくり」伸び続ける姿が確認されており、学童期、青年期を通して継続的に取り組むことができる身体運動活動の必要性が示されている。また、筆者は、親子ムーブメント教室の「卒業生」で「お手伝い」や「助手」として参加する青年たちが、年下の後輩たちに優しく接する場面に成長を感じながらも、創造的な表現活動の場面では真剣な表情で自身の表現に没頭する姿に触れる度に、「創造的身体表現遊び」は、ムーブメント教育とダンス表現の幅広い活用に支えられ、その利点を活かすことで、発達障がい児者が生涯を通して主体的に取り組むことが可能であると考えてきた。

　既に、「創造的身体表現遊び」の応用的な取り組みとして、青年期や成人期の発達障がい児者と共に行うワークショップや舞台作品の創作発表に挑戦しており、手応えと継続的な取り組みの必要性を感じている。今後は、発達障がい児が学童期、青年期を通して、日常的に充実した運動体験を積むためには、学校教育の現場における普及と充実が求められるだろう。特に特別支援教育、体育における適用に向けて、実践内容の検討に取り組みたい。

(2) 発達障がい児の家族支援の充実に向けて
①親支援、特に母親支援において期待される役割

　発達障害は、他の障害に比べて周囲に理解されにくく、不適応状態が親の育て方の失敗ととらえられてしまいがちで、本人だけでなく親や家族が責められ孤立してしまう場合がある。また、親自身も子どもの行動が理解できずに叱責が多くなり、子育てに対する自信や意欲を失ってしまうことでさらに苛立って子どもを責め立ててしまい自責の念にかられ、親子関係が悪循環に陥りやすい。発達障がい児の親は、定型発達の子どもを育てる親と比較して、育児ストレスや疲労感が高く、養育に対するプレッシャーを有している（渡部ら, 2002；刀根, 2002；庄司, 2007；Anderson, 2008；楠, 2009；中島・岡田ら, 2012）。

　木戸ら（2010）は、母親が抱える問題は家族の生活そのものに大きな影響を与えるため、障がい児とその家族の具体的な課題を理解し支援のあり方を検討する

必要性を明らかにしている。さらに、発達障害の状態は、就学・進学などの出来事や環境の変化に応じて影響を受けやすく不安定である。親の障害受容は揺らぎやすく、子どもの障害に対して、肯定（適応）と否定（落胆）を繰り返す傾向にある（中田, 1995；2002）。知識では障害特性を理解していても感情的には認め難いといった葛藤を抱えている場合も多く（柳楽ら, 2004）、そのような親の心理に寄り添う支援が必要である。

本研究においては、第2章で、母親の肯定的な気づきに着目し「創造的身体表現遊び」による発達障がい児支援の効果について仮説を見いだした。さらに、第4章、第5章では、「創造的身体表現遊び」における母親のポジティブな変容が発達障がい児の育ちと大きく影響していることが考察された。「創造的身体表現遊び」は、親子で楽しく参加することができ、創造的で包括的な場に身を委ねることで、母親自身の心身が解放され、より主体的に遊びの場に参加するようになる。その結果、様々な気づきを得て子どもを肯定的に受け止めることができるようになり、母子関係に好循環が生じていると考えられる。

また、障がい児の集団遊び活動をもとした自助グループ的なつながりの効果として、親の社会的孤立からの脱却、情報交換、親自身の肯定的な内面変化などが指摘されているが（内藤ら, 2008）、「創造的身体表現遊び」においても、活動を通して親同士の共有体験が増し、そのつながりが自然で無理のない相互支援に発展し、ピアサポートとして機能している可能性も高い。発達障がい児の育ちに大きく関与する母親を対象とした取り組みを、さらに重視していきたい。

②きょうだい児支援の必要性

近年、発達障がい児の家族支援においては、「きょうだい」の存在も注目されるようになっている。川上（2009）は、障がい児・者のきょうだいが受ける影響を生命や健康の尊さを学び、弱者への配慮ができるような情緒面での発達が認められる一方で、自己卑下、自己主張の不足のような内向的な性格の傾向や円形脱毛症、喘息のような身体的症状や行動上の問題が生じると報告している。きょうだい児の存在が発達障がい児を育てる母親にとっては大きなストレスとなりうるとの報告もある（Fisman, 1991；阿部・神名, 2011）。共に育つ存在としてきょうだい児への支援も早急な対策が求められており（柳澤, 2007；宮内, 2012)）、具体的な取り組みが見られる（田倉・辻井, 2007；Meyer & Vadasy, 2008；阿部・水

野, 2012)。また、きょうだい児が共に参加できる活動においても、支援者や親は時として、きょうだい児を障がい児の「援助者」という役割を強く求めてしまう傾向がある。田倉（2012）は、きょうだい自身が「〇〇のきょうだい」ではなく、一個人として迎えられ、自分らしく生きていくことができるような対応が重要であると論じている。

　これらの対策としても、「創造的身体表現遊び」は可能性を有している。本論文の対象となる活動に参加した家族のうち、年齢の近いきょうだい児があるケースは、ほとんどの活動に共に参加していた。「創造的身体表現遊び」は、もちろん発達支援の場であるが、その前に、様々な人々に開かれたインクルーシブな活動の場であり、共に集い遊ぶための場である。様々な発達段階の子どもがそれぞれに意欲的に活動に参加できるよう工夫されているからこそ、きょうだい児が「援助者」、「付き添い」という立場ではなく、遊びの主体として参加できることが可能であることが重要な点である。

　「創造的身体表現遊び」に継続的に参加した母親たちのコメントからは、日頃、我慢を強いてしまいがちなきょうだい児が活き活きと遊びに興じている姿を見ることが喜びであり、きょうだい児が発達障がい児と共に遊びを通して関係性を構築していくことに希望を見出している様子が見られた。今後は引き続き家族参加のプログラムを展開する中で、特にきょうだい児支援の必要性について調査し、「創造的身体表現遊び」による家族支援のあり方を追究していきたい。

(3) 身近な地域での育ちを支える活動として

　2012年4月に、児童福祉法の改正が施行され、診断前の「気になる子」も含めた発達障がい児をあらためて支援対象とすることが追加された。そして、障がい児の支援根拠を基本的に児童福祉法に統合し、その支援主体を原則として市町村へ一元した。すなわち、今後は、発達障がい児支援において、家庭・学校・地域の連携によるコミュニティ全体の環境をどのように整えていくかという視点が必須となる。自治体が学校、保育所、各団体などが連携を取りながら発達障がい児の家庭を支え、「身近な地域での育ち」を強く意識した展開が期待されるのである。

　一方で、地域社会が崩壊し連携のシステムは失われ共同体が解体された現代の日本社会においては、孤立した人間関係が際立っている。インクルーシブ教育改革の中核となるべきコミュニティが瓦壊し機能不全になってしまっており（中村,

2012)、進行している個人化（私化）への移行（転嫁）が、発達障害をより顕在化させているのかもしれない。一人ひとりの尊厳と自立した個人による共同性の良いバランスから生み出された「新しい共同性の構築」が課題となっている。具現化する取り組みとして、「『みんなで子育て』を進める擬似的共同体」が求められてくる（山極, 2008）。様々な人々が互いに他者とのかかわりを活性化し、誰もが社会からの疎外を克服していく取り組みの中に、障がい者も当然含まれているという状況をつくる実践が必要だと考える。

「創造的身体表現遊び」においては、参加する大人が子ども以上に元気でいきいきしていて、また、親子の組み合わせが解らないことがある。これは、全ての大人が全ての子どもにかかわって、共に遊ぶ主体として参加しており、子どもが「私の子」でなく、「私たちの子」としてとらえられ、遊びの中で、子ども同士、子どもと親、親同士、子どもと地域の大人たちなどが活発にかかわり合い、交じり合い、にぎわっている状況であると考えられる。

さらに、筆者が継続的に取り組んできた大学と地域連携による子育支援事業の実践においては、地域施設（児童館）を中心に「生活圏」を共にする者（家族・学生・施設職員）同士の交流が増し発展している事例や、高齢者のボランティアが自身の健康と幸福感を実現しながら、サブ・リーダーとして活躍する「多世代交流型」の実践例も生じており、コミュニティの活性化に繋がる可能性を実感している。

「創造的身体表現遊び」の場は、参加者を温かく受け入れ、共に支え合い育ち合う関係を促進し、一人ひとりの変容を生む。「創造的身体表現遊び」の場を担った経験が、「自分たちが生きる場は自分たちでつくる」という意識に繋がり、自ら行動し、地域社会の構築に参画、協働する原動力となるだろう。そして、一人ひとりの変容は相互的に関係し活性化し地域の子育て環境を変容させ、発達障がい児を支えるコミュニティの再構築に繋がる可能性を有している。

文献一覧

阿部美穂子 (2009a) 親子ムーブメント活動が障害のある子どもの親に及ぼす効果，富山大学人間発達科学部紀要4，(1), 47-59.

阿部美穂子 (2009b) 障害幼児の療育や統合保育におけるムーブメント教育・療法活用の可能性の検討―保育士・指導員へのアンケート調査から―，とやま特別支援学年報，3, 3-11.

阿部美穂子 (2011) ムーブメント活動による保育士の気分の変化に関する研究，教育実践研究；富山大学人間発達科学研究実践総合センター紀要5, 105-111.

阿部美穂子・神名昌子 (2011) 障害のある子どものきょうだいを育てる保護者の悩み事・困り事に関する調査研究．富山大学人間発達科学部紀要，6 (1), 1-9.

阿部美穂子・水野奈央 (2012) 障害のある子どものきょうだい児に対する教育的支援プログラムがもたらす効果の検討―小グループによる実践から―，とやま発達福祉学年報，3, 3-20.

Acredolo, L. P. (1978) Development of Spatial Orientation in Infancy. *Developmental Psychology*, 14 (3), 224-234.

相川智子 (2004) 通常の学級において行動や社会性に課題がある子どもへの支援に関する一考察：B児の事例を中心にして，明治学院大学心理臨床センター研究紀要2, 95-103.

尼ヶ崎彬 (1990)『ことばと身体』，勁草書房．

Anderson, L. S. (2008) Predictors of parenting stress in a diverse sample of parents of early adolescents in high risk communities. *Nursing Research*, 57 (5), 340-350.

アンドレ，C. & ルロール，F. (著)，高野優 (訳) (2000)『自己評価の心理学』，紀伊國屋書店．

青木理子・青山優子・井上勝子 (他) (2011)『新訂 豊かな感性を育む身体表現遊び』，ぎょうせい．

Arnheim, D., Auxter, D., Crow, C. (1973) *Principles and Methods of Adapted Physical Education*. St Louis, The C. V. Mosby Co.

Ayres, A. (1978) *Sensory Integration and Learning Disorders*. 宮前珠子他訳『感覚統合と学習障害』，協同医歯薬出版．

Banndura, A. (1977) Self-efficacy: Toward a unifying theory of behavior change. *Psychological Review*, 8, 191-215.

Banndura, A. (1986) *Social foundations of thought and actions: A social cognitive theory*. Englewood Cliff, N. J.: prentice-Hall.

Bowlby, J. (1969) *Attachmennt and Loss, Vol. 1: Attachment*. Basic Books. (黒田実郎他 (訳) (1976)『母子関係の理論Ⅰ：愛着行動』，岩波学術出版社．)

千葉伸彦 (2003) 障害のある人の自己決定―重度知的障害者支援に関する一考察，東北福祉大学大学院総合福祉学研究科社会福祉学専攻紀要，1, 62-67.

DeMeyer, M. (1976) Motor, perceptual-motor and intellectual disabilities of autistic children. In L. Wing (Ed.), *Early Childhood Autism*., 2nd ed., 169-196.

遠藤晶・江原千恵・松山由美子 (2009) 運動会における身体表現遊びの実際，教育学研究論集，4, 35-42.

遠藤晶・江原千恵・松山由美子 (2011) ふれあい遊びにおける双方向性―手をつなぐ行為に着目して―, 武庫川女子大学大学院教育学研究論集, 6, 21-29.

遠藤美貴・鈴木良 (2003) 知的障害を持つ人の自己決定支援に関する一考察, 香川県明善短期大学研究紀要, 34, 31-40.

遠藤辰雄 (1992) セルフエスティーム研究の視座, 遠藤辰雄・井上祥治・蘭千尋 (編)『セルフエスティームの心理学』, 8-25.

遠藤洋子 (1999)「自尊感情」を関係性からとらえ直す, 実験社会心理学研究, 39 (2), 150-167.

Fisman S, Wolf L. (1991) The handicapped child: psychological effects of parental, marital, and sibling relationships, *Psychiatric Clinics of North America*, 14 (1), 199-217.

Frostig, M. (1970) Movement Education: Theory and Practice, Follett Publishing Company. (肥田野直・茂木茂八・小林芳文 (訳) (1978)「ムーブメント教育―理論と実際―」, 日本文化科学社.): (小林芳文 (訳) (2007)「フロスティッグのムーブメント教育・療法―」, 日本文化科学社.)

Frostig, M. & Maslow, P. (1973) *Learning Problems in the Classroom*, Grune & Statton, Inc. (茂木茂八・安富利光 (訳) (1977)「教室における個々に応じた指導」, 日本文化科学社.

Frostig, M. (1976) *Education for Dignity*. Grune & Stratton, Inc. (伊藤隆二・茂木茂八・稲浪正充 (訳) (1981)『人間尊重の教育―科学的理解と新しい指針―』, 日本文化科学社.)

藤井由布子・小林芳文 (2005) ムーブメント教育理念を用いた自閉症児の家族支援―2歳児から6年間の縦断的な関わりによるコミュニケーション能力の変化, 児童研究, 84, 3-14.

藤井由布子・小林芳文・小林保子 (2007) 家族サポートに活かす子育て充足感の実態調査―ムーブメント教育による療育を軸にして, 学校教育学研究論集15, 29-38.

古市久子 (1999) 実践に埋め込まれた理論を抽出する試みⅡ：子どもの身体表現遊びを発展させる要因について, 大阪教育大学紀要, Ⅳ, 教育科学47 (2), 343-355.

古市久子 (2007) 身体表現の発達に関する研究の現状と課題, 児童心理学の進歩, 46, 171-195.

古荘純一・久場川哲二・佐藤弘之 (他) (2006) 軽度発達障害児における小学生版 quality of life 尺度の検討, 脳と発達, 38 (3), 183-186.

古荘純一・岡崎勝 (2011) 日本の子どもたちは「低い」といわれていますが…, そもそも「自尊感情」って？, おそい・はやい・ひくい・たかい, 59, 17-24.

古屋健・三谷嘉明 (2004) 知的障害を持つ人の自己決定, 名古屋女子大学紀要, 50, 41-53.

Gadamer, H. G. (1986)『真理と方法：哲学的解釈学の要綱』, 轡田收他訳, 法政大学出版.

Gallahue, D. L. (1996) *Developmental physical education for today's children*, Brown & Benchmark, (杉原隆 (監訳) (1999)『幼少年期の体育―発達的視点からのアプローチ―』, 大修館書店.)

後藤守 (1993) コミュニケーション障害研究法, 北海道コミュニケーション能力育成研究会 (編), 46-51.

花熊曉 (2002) ADHDの行動分析, 特集「ADHD」の子どもたち, 臨床心理学2 (5), 590-593.

原田知佳子・小林芳文 (2008) 子どもの運動遊びとこころの育ち―ムーブメント教育・療法による心の支援, こども環境学研究, 3 (3), 95-92.

針塚進・遠矢浩一 (2006)『軽度発達障害児のためのグループセラピー』, ナカニシヤ出版.

橋本真理子 (2011)「表現運動・ダンス」だからこそできること―特別支援教育の視点を踏まえて―, 女子体育53 (2), 56-57.

Hazen, N. L. (1982) Spatial Exploration and Spatial Knowledge; Individual Developmental Differences in very young Children. *Child Development*, 53, 826-833.

平野仁美 (2012) 子どもの身体表現遊びを豊かにする保育方法の検討―2～5歳児クラスでの「草むらごっこ」の保育実践を通して，学術教育総合研究所所報，5, 35-48.

Holzman, L. (1995) Creating developmental learning environments: a Vygotskian practice, School Psychology International, 16, 199-212.

Holzman, L. (2008) *Vygotsky at Work and Play*, Routledge.

飯村敦子・大橋さつき・小林芳文（他）(2011) 発達障害児へのムーブメント教育による支援―その現状と今後の展望を考える，特殊教育学研究，48 (5), 483-484.

飯村敦子・小林芳文・竹内麗子（他）(2012) 障害乳幼児と家族への支援に活かすムーブメント教育の実践分析に関する研究，保育科学研究，2, 116-124.

池田寛 (2000)『学力と自己概念』，解放出版社.

池田三津子 (2010) 協同して遊ぶようになるために―協同的な学びを考えて―，研究紀要，金沢大学人間社会学域学校教育学類附属幼稚園56, 121-124.

生田久美子 (1987)『「わざ」から知る』，東京大学出版.

井上雅彦 (1998) 第5章自閉症をもつ人への「遊び」の支援，麻生武・綿巻徹（編）『シリーズ／発達と障害を探る第2巻　遊びという謎』，ミネルヴァ書房，115-140.

石原みちる (2011) インプロ・ワークショップが大学生の自尊感情に及ぼす影響，山陽論叢，18, 1-13.

石井喜代香・竹田契一・里見恵子 (1990) ことばに遅れのある障害幼児に対するINREAL・アプローチ（I）―コミュニケーション成立にかかわる大人の役割―，大阪教育大学障害児教育研究紀要，12, 71-88.

石川憲彦・岡崎勝 (2011) 大人も自信喪失の時代（特集1 高けりゃいいの？　低いとどうなる？「自尊感情」を育むって??），おそい・はやい・ひくい・たかい，59, 44-52.

伊藤良子 (1998)『障害児と健常児における遊びとコミュニケーションの発達』，風間書房.

伊藤佐知子 (1999) 低学年学習障害男子のコンピテンスに関する研究，LD（学習障害）―研究と実践―，8 (1), 57-65.

伊藤紗由実・原田知佳子・小林芳文 (2008) 小学校での交流教育におけるムーブメント教育の実践―その効果と問題点について，横浜国立大学教育相談・支援総合センター研究論集，8, 103-114.

岩井俊憲 (2002)「勇気づけの心理学」，金子書房.

岩間伸之 (2000)「ソーシャルワークにおける媒介実践論研究」，中央法規.

James, W. (1890) *The Principles of Psychology*. Dover Publication, Inc.

神園幸郎 (1998) 自閉症児における姿勢・運動の特性―ぎこちなさの心的背景について―，小児の精神と神経，38 (1), 51-64.

金川朋子 (2008) 特別支援学校におけるムーブメント教育について，大阪教育大学紀要，Ⅳ教育科学，57 (1), 77-85.

金山千広・山崎昌廣 (2009) 特別支援教育を踏まえた体育授業と教員養成―小・中学校教員養成コースにおけるアダプテッド・スポーツ教育の実施状況―，聖和論集，37, 9-18.

金山千広・山崎昌廣 (2010) 特別支援教育を踏まえた小・中学校の体育教員養成に対する大学教員の意識，聖和論集，38, 19-27.

苅宿俊文 (2012) まなびほぐしの現場としてのワークショップ，苅宿俊文・高木光太郎・佐伯胖（編）『ワークショップと学び1―まなびを学ぶ』，東京大学出版会，69-116.

片山啓子・光本弥生・西村敦子 (2000) 創造的身体表現活動の保育内容及び方法について―「リ

ズム運動」を作ることに焦点をあてて,新見公立短期大学紀要,21,11-22.
川上あずさ(2009)障害のある児のきょうだいに関する研究の動向と支援のあり方,小児
Kermoian, R. & Campos, J. (1988) Loco motor Experience; A Facilitator of Spatial Cognitive Development. *Child Development*, 59, 908-917.
Kephart, H. (1960) The Slow Learner in the Classroom, Charles E. Merrill Publishing Company. (佐藤剛(訳)(1971)「発達障害児(上下)」,医歯薬出版.)
Kestenberg, J. (1982) Parenthood – A Changing lifestyle. *Child Development*, Vol. 2, New York: Human Sience Press Inc.
Kestenberg, J. (1985) The flow of empathy and trust between mother and child. In E. D. Anthony & G. H. Pollack (Eds.), *Parental influence: In health and disease*, Boston: Little Brown, 137-163.
木戸久美子・林隆・藤田久美(2010)発達障害児もつ母親の育児に対する気がかりや精神的負担に関する研究―幼児期の子どもの母親と学童期にある子どもの母親の比較,山口県小児保健研究会,43,12-13.
金彦志・細川徹(2005)発達障害児における社会的相互作用に関する研究動向―童期の仲間関係を中心に,東北大学大学院教育学研究科研究年報,53(2),239-251.
北山修(編)(2005)『共視論―母子像の心理学』,講談社.
小林隆児(2010)『関係からみた発達障碍』,金剛出版.
小林芳文(1985)『ムーブメント教育プログラムアセスメント(MEPA)とその使用手引き』,日本文化科学社.
小林芳文・たけのこ教室スタッフ(1985a)『動きを通して発達を育てるムーブメント教育の実践1 対象別指導事例集』,学研.
小林芳文・たけのこ教室スタッフ(1985b)『動きを通して発達を育てるムーブメント教育の実践2 遊具・教具の活用事例集』,学研.
小林芳文(他)(1986)『障害児と乳幼児のための発達指導ステップガイド ムーブメント教育・MEPA実践の手引』,日本文化科学社.
小林芳文(他)(1988)『幼児のためのムーブメント教育実践プログラム(全7巻)』コレール社.
小林芳文(1989):『MSTB小林―フロスティッグ・ムーブメントスキルテストバッテリー手引き』,日本本文化科学社.
小林芳文(他)(1991)学童児の身体協応性テスト(The Body Coordination Test)の開発と適用,学校保健研究,33(8),377-383.
小林芳文・藤村元邦(他)(1992a)『乳幼児と障害児の感覚運動発達アセスメント MEPA-Ⅱ』,コレール社.
小林芳文・藤村元邦(他)(1992b)『乳幼児と障害児の感覚運動発達アセスメントマニュアル(全3巻)』,コレール社.
小林芳文・是枝喜代治(1993)『子どものためのムーブメント教育プログラム―新しい体育への挑戦』,大修館書店.
小林芳文(2001)『LD児・ADHA児が蘇る身体運動』,大修館書店.
小林芳文・當島茂登(編)(2001)『障害児教育の新領域 自立支援活動の計画と展開1認知発達を育てる自立活動』,明治図書出版.
小林芳文・永松裕希(編)(2001)『障害児教育の新領域 自立支援活動の計画と展開2 身体の健康・動きを育む自立活動』,明治図書出版.
小林芳文・是枝喜代治(編)(2001)『障害児教育の新領域 自立支援活動の計画と展開3 コ

ミュニケーションを育てる自立活動』，明治図書出版．
小林芳文・飯村敦子（編）（2001）『障害児教育の新領域　自立支援活動の計画と展開 4　音楽・遊具を活用した自立活動』，明治図書出版．
小林芳文（2003）障害乳幼児を持つ家族への支援— IFSP について，児童研究，82, 1.
小林芳文（2005）『MEPA-R ムーブメント教育・療法プログラムアセスメント（Movement Education and Therapy Program Assessment-Revised)』，日本文化科学社．
小林芳文・是枝喜代治（2005）『楽しい遊びの動的環境による LD・ADHD・高機能自閉症児のコミュニケーション支援—』，明治図書出版．
小林芳文（編）（2006）『ムーブメント教育・療法による発達支援ステップガイド— MEPA-R 実践プログラム—』，日本文化科学社．
小林芳文・飯村敦子（2006）『障害児乳幼児の早期治療に向けた家族支援計画（IFSP）— Play-Based Assessment の取り組みと展開—』，青山社．
小林芳文・飯村敦子（2007）障害乳幼児の家族支援に向けた環境アセスメントの開発と適用，科学研究費補助金研究成果報告書，課題番号16530619，2004年度～2006年度，基盤研究（C）．
小林芳文・大橋さつき（2010）『遊びの場づくりに役立つムーブメント教育・療法—笑顔が笑顔をよぶ好循環を活かした子ども・子育て支援』，明治図書．
小林芳文（監修）・横浜国立附属特別支援学校（編）（2010）『発達の遅れが気になる子どものためのムーブメントプログラム』，学習研究社．
小林芳文・飯村敦子・竹内麗子（他）（2011）包括的保育に結びつけたムーブメント教育の実践分析に関する研究，保育科学研究，1, 82-94.
小林芳文・大橋さつき・飯村敦子（2014）『発達障がい児の育成・支援とムーブメント教育』，大修館書店．
小林芳文・大橋さつき（2015）大学と地域の連携を活かした遊びの場づくり—ムーブメント教育・療法の活用，和光大学総合文化研究所年報　東西南北2015, 204-216.
小島道夫・石橋由紀子（2008）『発達障害の子どもがのびる！かわる！「自己決定力」を育てる教育・支援』，明治図書．
小島道夫（2012a）統計から読み解く　自尊感情はどう変化するか，月刊実践障害児教育 2 月号，学研，6-7.
小島道夫（2012b）発達障害児の自己概念と教育，発達障害研究34（1），6-12.
近藤卓（編）（2007）『いのちの教育の理論と実践』，金子書房．
近藤卓（2010）『自尊感情と共有体験の心理学』，金子書房．
是枝喜代治・永松裕希・安藤正紀・小林芳文（1997）Clumsy Children スクリーニングテスト（CCST）の試作（1），発達障害研究，19（1），41-53.
是枝喜代治・小林芳文（2001）自閉症児の微細運動発達の諸相— MSTB-A 型検査によるクラムジネスの評価を通して—，学校教育学研究論文集第 4 号，89-97.
是枝喜代治・小林芳文（2002）自閉症児の粗大運動発達に関する追跡的研究— MSTB-B 型検査を指標として—，学校教育学研究論文集第 5 号，61-75.
是枝喜代治・大橋さつき・小林芳文（2007）知的障害児の粗大運動発達に関する縦断的研究—災害時の非難移動に関連する運動能力と空間認知能力に視点を当てて—，児童研究，86, 33-42.
河野智佳子・伊藤良子（2011）東京都内保健センターで行われる親子教室に関する調査研究，東京学芸大学紀要総合教育科学系，62（2），287-296.
久保田まり（1996）母子関係，青柳肇・杉山憲司（編）『パーソナリティ形成の心理学』，福村

出版, 98-117.
鯨岡峻 (2002)〈共に生きる場〉の発達臨床, 鯨岡峻編著『〈共に生きる場〉の発達臨床』, ミネルヴァ書房, 1-28.
鯨岡峻 (2011)『子どもは育てられて育つ―関係発達の世代間循環を考える』, 慶應義塾大学出版会株式会社.
熊田政信 (2002)「障害」は「障碍」(「障礙」) と表記すべきである, 国立身体障害者リハビリテーション広報誌, 226.
栗田季佳・楠見孝 (2010)「障がい者」表記が身体障害者に対する態度に及ぼす効果―接触経験との関連から―, 教育心理学研究, 58 (2), 129-139.
楠凡之 (2007) 発達障害児の特別なニーズと家族支援, 障害者問題研究, 37 (1), 12-20.
Lawrence, D. (2006) Enhancing Self-Esteem in the Classroom 3rd Edition, Sage Publications of London. (小林芳郎 (訳) (2008)『教室で自尊感情を高める』, 田研出版.)
Leary, M., Hill, D. (1996) Moving On: Autism and Movement Disturbance. *Mental Retardation*, 34 (1), 39-53.
Lee, A., & Hobson, P. (1998) On developing self-concepts: A controlled study of children and adolescents with autism. *Journal of Child Psychology and Psychiatry*, 39, 1131-1144.
Lewis, P. & Loman, S. (Eds.) (1990) *The Kestenberg Movement Profile its past, present applications, and future directions*, Keene, NH: Antioch New England Graduate School.
Loman, S. (1996) The KMP: A Tool for Dance/Movement Therapy. *American Journal of Dance Therapy* Vol. 18, No. 1, Spring/ Summer 1996: American Dance Therapy Association.
眞榮城和美 (2012) 自己肯定感の構造―自己肯定感の栄養素と栄養バランスについて考える, 児童心理, 66 (11), 906-913.
松本千代栄 (1988) ダンスの学習理論, 松本千代栄 (編)『ダンス表現学習指導全書』, 大修館書店, 3-103.
松本千代栄 (1999) 続・身体をひらき・心をひらく―幼児の「表現」をみなおす―, 女子体育, 41, (7・8), 4-7.
松本奈緒 (2006) アメリカにおけるムーブメント教育の導入―1950年代後半から1960年代を中心として, 運動・健康教育研究, 14 (1), 24-38.
松本陽子・山崎由可里 (2007) 小学生における ADHD 傾向と自尊感情, 和歌山大学教育学部紀要, 教育科学57, 43-52.
松永愛子・本山益子・浅井由美 (2012)「身体表現」活動における居場所創出の可能性―身体表現と「保育」の関連に注目して, 岡山女子短期大学研究紀要, 45, 81-98.
Meyer, D. J. & Vadasy, P. F. (2008) *Sibshop: Work- shops for siblings of children with special needs*, Revised Edition. Paul H. Brookes, Baltimore, Maryland.
宮原資英 (1995) アダプテッドダンスのすすめ, 体育科教育, (1), 56-59.
三宅康将・伊藤良子 (2002) 発達障害児のコミュニケーション指導における情動的交流遊びの役割, 特殊教育研究, 39 (5), 1-8.
茂木一司 (2010) 第8章 特別支援のためのワークショップとはどのようなものですか？特別支援学校でのメディアアートワークショップについて教えてください, 茂木一司 (他)(編)「協同と表現のワークショップ―学びのための環境のデザイン」, 東信堂, 204-212.
文部科学省 特別支援教育の在り方に関する調査研究協力者会議 (2003) 今後の特別支援教育の在り方について (最終報告), http://www.mext.go.jp/b_menu/shingi/chousa/shotou/018/toushin/030301.htm

文部科学省　コミュニケーション教育推進会議（2011）子どもたちのコミュニケーション能力を育むために―「話し合う・創る・表現する」ワークショップへの取組―（審議経過報告），http://www.mext.go.jp/b_menu/houdou/23/08/1310607.htm

文部科学省　中央教育審議会初等中等教育分科会（2012）共生社会の形成に向けたインクルーシブ教育システム構築のための特別支援教育の推進（報告），http://www.mext.go.jp/b_menu/shingi/chukyo/chukyo3/044/attach/1321669.htm．

本山益子・鈴木裕子・西洋子（他）（2002）保育の中の「身体表現」―その現状と展望―，保育士養成研究，20, 93-107.

本山益子・平野仁美（2011）身体表現あそびの保育内容の検討―3～5歳児クラスでの「草むらごっこ」の実践から―，京都文教短期大学研究紀要，50, 147-157.

森章恵（2004）障害者との舞台表現活動の可能性：「西東京アクターズスクール」を事例として，東海大学健康科学部紀要，10, 59-68.

森田惠子（2004）統合保育の自由遊び場面における健康障害児と健康児の身体的接触の意味―社会的接触と援助的接触の差異，日本看護科学会誌，24（2），42-51.

長澤正樹（2001）重度知的障害のある児童生徒を対象とした自己選択の実態―養護学校における食事と遊び場面に基づく調査研究，発達障害研究，23（1），54-62.

柳楽明子・吉田友子・内山登紀夫（2004）アスペルガー症候群の子どもを持つ母親の障害認識に伴う感情体験―「障害」として対応しつつ，「この子らしさ」を尊重すること，児童青年精神医学とその近接領域45（4），380-392.

中島俊思・岡田涼（他）（2012）発達障害児の保護者における養育スタイルの特徴，発達心理学研究，23（3），264-275.

中間玲子（2007）自尊感情の心理学，児童心理，61（10），884-889.

中邑賢龍（1998）『AAC入門』，こころのリソースブック出版会，7-14.

中村満紀男（2012）〈講演概要〉インクルーシブ教育に関する学術研究の成果と課題―日本が分離を選択した理由の源泉と意義に関する比較的検討，筑波大学特別支援教育研究，実践と研究，6, 41-47.

中山奈央・田中真理（2008）注意欠陥／多動性障害児の自己評価と自尊感情に関する調査研究，特殊教育学研究，46（2），103-113.

内閣府障がい者制度改革推進会議「障害」の表記に関する作業チーム（2010）「障害」の表記に関する検討結果について，http://www8.cao.go.jp/shougai/suishin/kaikaku/s_kaigi/k_26/pdf/s2.pdf

内藤寿子・蔦森武夫・松岡幸枝（2008）広汎性発達障害の幼児を持つ保護者への支援，精神科治療学，23, 1173-1179.

中田洋二郎（1995）親の障害の認識と受容に関する考察―受容の段階説と慢性的悲哀，早稲田心理学年報，27, 83-92.

中田洋二郎（2002）『子どもの障害をどう受容するか』，大月書房.

根立博他（2008）動きを通した学びと育ち　横国式国語・算数ムーブメント，月刊実践障害児教育，36（1），2-17.

日本発達障害学会（2008）『発達障害基本用語事典』，金子書房.

日本体育学会（2006）『最新スポーツ科学事典』，平凡社.

西洋子（1999）障害のある人々を対象とする身体表現活動の指導の現状と課題，舞踊学，22, 57-65.

西洋子（2011）より広がりのあるインクルージョンへの挑戦（インクルージョン教育における

体育・スポーツを考える），リハビリテーションスポーツ，30 (1), 43-45.
野中剛（監督）(1990)『みんなちがってみんないい―ヴォルフガング・シュタンゲのダンス・ワークショップ』(VTR), J. A. D 制作.
大芦治（2010）自己効力感の形成を阻むもの，児童心理，64 (16), 1305-1311.
大橋さつき（1998）ダンスセラピーにおける Kestenberg Movement Profile 研究，平成9年度お茶の水女子大学修士論文.
大橋さつき（2000）ダンスセラピーにおける動作分析法の適用性，お茶の水女子大学人文科学紀要，53, 315-325.
大橋さつき（2001a）共感する身体を探る―ダンスセラピーにおける Kestenberg Movement Profile 理論より，お茶の水女子大学人文科学紀要54, 223-232.
大橋さつき（2001b）共生教育におけるアダプテッド・ダンスの役割，舞踊学，24, 32-37.
大橋さつき（2001c）ダンス・ムーブメントプログラムによる共創活動への展開，財団法人こども未来財団平成12年度児童環境づくり等総合調査研究事業研究成果報告書「児童館におけるムーブメント法による子どもの育成プログラムの開発に関する調査研究」，85-99.
大橋さつき・藤井由布子・向山勝郎（他）(2003) 障害児を対象としたムーブメント教室における試み―家族支援を目指した個別ファイルの活用を中心に―，和光大学人間関係学部紀要，7 (2), 123-146.
大橋さつき（2005）障害児のその家族を対象としたダンス・ムーブメントプログラム―家族支援を目指した取り組みの中で―，和光大学人間関係学部紀要，9 (2), 41-56.
大橋さつき（2006）自閉症児を対象としたダンス・ムーブメントプログラムにおけるアセスメントの適用，MEPA と KMP を活用した事例を通して―，児童研究，85, 47-56.
大橋さつき（2008）『特別支援教育・体育に活かすダンスムーブメント―『共創力』を育み合うムーブメント教育の理論と実際』，明治図書.
大橋さつき（2011）創造性教育としてのムーブメント教育の可能性―マリアンヌ・フロスティッグの理論より―，児童研究，90, 22-30.
大橋さつき（2014）The Effectiveness of Movement Education in Supporting Children with Developmental Disorders, 和光大学現代人間学部紀要，7, 157-176.
大橋さつき（2015）発達障がい児の身体運動能力の検討―空間関係把握能力検査と MSTB 検査を指標として―，児童研究，94, 31-39.
大橋さつき（2016）「創造的身体表現遊び」における自閉症スペクトラム障がい児の身体運動能力の検討，和光大学現代人間学部紀要，9, 41-55.
Ohta, M. (1987) Cognitive Disorders of Infantile Autism: A Study Employing the WISC, Spatial.
Relationship Conceptualization, and Gesture Imitations. *Journal of Autism and Developmental Disorders*, 17, 45-62.
太田昌孝（2001）発達協調運動障害，精神治療学16増刊号，星和書店，173-179.
太田昌孝（2012）DSM-5案にみる発達障害の新しい診断名と診断基準の現状，日本発達障害福祉連盟（編）(2012)『発達障害白書2013年度版』，明石書店，23-35.
リゾラッティ，G.・シニガリア，C.（著）・柴田裕之（訳）・茂木健一郎（監修）(2009)『ミラーニューロン』，紀伊國屋書店.
Robert, L. K. & Lynn, K. K 氏森英亜・清水直治（訳）(2002)『自閉症児の発達と教育―積極的な相互交渉をうながし，学習機会を改善する方略』，二瓶社.
Rosenberg, M. (1989) *Society and the Adolescent Self-Image*, Wesleyan Univ Press.

佐伯胖（2012）まなびほぐし（アンラーン）のすすめ，苅宿俊文・高木光太郎・佐伯胖（編）『ワークショップと学び1―まなびを学ぶ』，東京大学出版会，27-68.
崎山ゆかり（2008）子どものためのダンスセラピーに関する世界の現状と課題―アメリカダンスセラピー協会第13回インターナショナルパネルを通して―，武庫川女子大学紀要，人文・社会科学編，56, 9-17.
税田慶昭（2012）親子遊び教室における発達障害リスク幼児の行動変化の検討―自由場面・設定場面に着目して―，特殊教育学研究，50 (1), 31-43.
齊藤孝（2001）『子どもに伝えたい「三つの力」―生きる力を鍛える』，NHKブックス．
斉藤由美子（1989）空間関係の把握能力の発達―身振り模倣に見られるボディシェマの形成との関連から―，横浜国立大学教育学研究科障害児教育専攻修士論文．
佐藤百合子・佐藤晋治・加藤元繁（2002）統合保育場面における発達障害児と健常児との社会的相互作用の促進に関する研究―機能的分析の適用とこれに基づく介入効果の検討，心身障害学研究，26, 141-152.
里見恵子・河内清美・石井喜代香（2006）INREALの適応と方法―発達段階や障害傾向を配慮して，INREAL研究（14), 86-96.
沢崎達夫（2010）自己受容（グッドイナフ）は向上心を弱めるか，児童心理，64 (4), 282-288.
Schalock, R. L. (2002) Quality of life: Its conceptualization, measurement, and application, 発達障害研究，24, 87-105.
Sherbone, V. (1990) Development Movement for Children, Cambridge University Press. （関口美佐子他（訳）（1993）『シェルボーンのムーブメント入門』，三輪書店.)
Sherrill, C. (1997) Chapter 16. Adapted Dance and Dance Therapy. *Adapted Physical Activity, Recreation And Sport: Cross Disciplinary and Lifespan* (5th Ed) Madison, Brown & Benchmark Publishers.
清水知恵（1998）コンタクト・ワークを経験を通した「自尊感情」と「ボディ・イメージ」の変化とその関係，舞踊教育学研究，創刊号，13-30.
白石雅一（2007）障害をもつ子の自尊感情を考える，児童心理，862, 103-104.
庄司妃佐（2007）軽度発達障害が早期に疑われる子どもをもつ親の育児不安調査，発達障害研究29 (5), 349-358.
Siegel, A. W. & White, S. H. (1975) The development of spatial representations of large-scale environments. Reese, H. W. (Ed.), *Advances in child development and behavior*. Vol. 10, New York, Academic Press, 9-55.
Siegel, E. V. (1984) *Dance-Movement Therapy: Mirror of Our Selves*, Human Sciences Press. Inc.
Siegel, E. V. (1995) Psychoanalytic dance therapy: The bridge between psyche and soma. *American Journal of Dance Therapy, Fall/Winter*, 17, (2), 115-128.
杉本希映・庄司一子（2006）「居場所」の心理的機能の構造とその発達的変化，教育心理学研究，54 (3), 289-299.
杉山登志郎（1996）乳幼児健診と早期療育，乳幼児医学・心理学研究，5 (1), 1-18.
杉山登志郎（2007）『発達障害の子どもたち』，講談社．
鈴木裕子・西洋子・本山益子・吉川京子（2002）幼児の身体表現あそびにみられる物語展開の過程，名古屋柳城短期大学紀要，24, 117-127.
鈴木裕子（2012）模倣された子どもにもたらされる身体による模倣の機能と役割，保育学研究，50 (2), 51-63.

多胡彩花（2008）保育者の「身体表現あそび」についての意識調査，湘北紀要29，43-54．
高垣隆治・池本喜代正（2001）自己選択・自己決定の力を育む授業―知的障害養護学校の作業学習を通して―，宇都宮大学教育学部教育実践総合センター紀要，24，186-196．
高原和子・瀧信子・宮嶋郁恵（2007）保育者の保育内容「表現」の関わりとその方法―表現活動を引き出す手だてについて，福岡女学院大学紀要人間関係学部編，8，57-62．
高橋和子（2005）高機能広汎性発達障害児集団でのコミュニケーション・ソーシャルスキル支援の試み：語用論的視点からのアプローチ，教育心理学年報，44，147-155．
高野牧子（2009）地域療育拠点での親子活動"ふれあい遊び・身体表現遊び"―山梨県立あけぼの医療福祉センターでのコミュニティ・ダンス実践，保健の科学，51（6），391-396．
高野牧子（2012）身体表現活動による母子間コミュニケーションの変容，山梨県立大学人間福祉学部紀要，7，1-16．
竹田契一（監修）里見恵子・河内清美・岩井喜代香（2005）『実践インリアル・アプローチ事例集―豊かなコミュニケーションのために』，日本文化科学社．
竹内麗子（2012）「地域のつながりの中で広がる遊び『輪』―保育所を核とした地域療育ネットワークづくり『たけのこ教室』30年の実践」，和光大学総合文化研究所年報東西南北2012，198-204．
田倉さやか・辻井正次（2007）発達障害児のきょうだいに対する自己理解・障害理解プログラムの試み―海洋体験を中心とした合宿を通して―，中京大学現代社会学部紀要，1（1），45-58．
田倉さやか（2012）発達障害児・者のきょうだいへの支援，本城秀次・野邑健二（編）『発達障害医学の進歩24』，67-73．
田辺正友・田村浩子（1997）自閉症児における行動特徴の発達変容―ひとりの自閉症児の4歳から18年間の縦断的研究，奈良教育大学紀要，人文・社会科学，46（1），313-321．
田ノ岡志保・辻井正次（2010）子どもの「できること」を伸ばす―発達障害のある子どものスキル・トレーニング実践6―双方向コミュニケーションを学ぶ，こころの科学，151，128-134．
東京都教職員研修センター（2011）自尊感情や自己肯定感に関する研究（3年次），平成22年度東京都教職員研修センター紀要，10，3-28．
東京都教職員研修センター（2012）自尊感情や自己肯定感に関する研究（4年次），平成23年度東京都教職員研修センター紀要，11，3-18．
東京都教職員研修センター（2013）自尊感情や自己肯定感に関する研究（5年次），平成24年度東京都教職員研修センター紀要，12，3-48．
刀根洋子（2002）発達障害児の母親のQOLと育児ストレス―健常児の母親との比較，日本赤十字武蔵野短期大学紀要，15，17-24．
Tortora, S. (2005) *The Dancing Dialogue: Using The Communicative Power Of Movement With Young Children*, Baltimoa: Paul H Brookes Pub Co.
遠矢浩一・岩男芙美・大戸彩音（2011）発達障害特性を有する児童の友人関係認識と行動特徴の関係性―友人関係尺度，WISC-Ⅲ，CBCLの分析を通して，リハビリテイション心理学研究，38（2），1-13．
遠矢浩一（2012）子ども同士の交わりを通した自尊心の育み，臨床心理学，12（5），641-646．
Trevarthen, C. & Hubley, P. (1978) Secondary intersubjectivity: Confidence, confiding and acts of meaning in the first year. In Lock, A. (Ed.), *Action, gesture, and symbol: The emergence of language*, New York: Cambridge University Press, 183-227.

Trevarthen, C. & Aitken, K. J.（2001）Infant Intersubjecivity: Research, theory, and clinical applications. *The journal of child psychology and psychiatry*, 42, 1. 3-48, Cambridge University Press.
角田豊（1991）共感経験尺度の作成，京都大学教育学部紀要，37, 248-258.
宇野宏幸（2012）自尊感情を理解して支援に生かす，刊実践障害児教育2月号，学研，2-5.
渡部奈緒・岩永竜一郎・鷲田孝保（2002）「発達障害幼児の母親の育児ストレスおよび疲労感」，小児保健研究，61（4）, 553-560.
Wehmeyer, M. L., Palmer, S., Agran, M., Mithaug, D. & Martin, J.（2000）Promoting casual agency: The self-determination learning model of instruction. *Exceptional children*, 66, 439-453.
Wing, L.（Ed.）（1975）*Early Childhood Autism Clinical: Educational, and Social Aspects*.（久保紘章・井上哲雄（監訳）（1977）『早期小児自閉症』，星和書店.）
Winnick, J. P.（1979）*Early movement experiences and development: habilitation and remediation*, W. B. Saunders Company.（小林芳文他（訳）（1992）『子どもの発達と運動教育：ムーブメント活動による発達促進と障害児の体育』，大修館書店.）
Winnick, J. P.（1990）*Adapted physical education and sport*, Human Kinetics Books: Illinois.
矢部京之助（1997）アダプテッド・スポーツの提言，ノーマライゼーション，12, 17-19.
矢部京之助・草野勝彦・中田英雄（2005）『アダプテッド・スポーツの科学—障害者・高齢者のスポーツ実践のための理論—』，市村出版.
矢吹芙美子（2005）模倣・ふり遊び・ごっこ遊び・心理劇における響き合いの関係，大妻女子大学家政系研究紀要，41, 145-155.
八木ありさ（2009）即興表現を中心とした大学生のダンス・セラピーがセルフ・モニタリングと自己肯定度に与える影響，（社）日本女子体育連盟学術研究，25, 13-23.
山極完治（2008）新時代の育ちと育て—わたしたちの手で創る「子育ち」，愛知東邦大学地域創造研究所（編）『「子育ち」環境を創りだす』，唯学書房，161-175.
山本眞理子・松井豊・山成由紀子（1982）認知された自己の諸側面の構造，教育心理学研究，30, 64-68.
山本眞理子編（2001）『心理測定尺度集Ⅰ』，サイエンス社，29-31.
柳澤亜希子（2007）障害児・者のきょうだいが抱える諸問題と支援のあり方，特殊教育学研究，45（1）, 13-23.
矢内淑子・古市久子（2012）領域「表現」から教科「音楽」「体育」への連続性に関する課題の検討，東邦学誌，41（3）, 43-63.
安井千恵（2006）ことばの遅れがある子どもへのINREAL・アプローチ—子どもの問題に合わせたかかわり方—，INREAL研究，14, 74-85.

謝　辞

　本稿は、2016年、お茶の水女子大学大学院人間文化創成学研究科に提出した博士論文「発達障がい児を育む『創造的身体表現遊び』の実践的研究」を基にしたものです。

　母校を離れて十数年、実践の現場で満足していた私を、お茶の水女子大学・猪崎弥生先生が学位論文という新たな挑戦へ導いてくださいました。やればやるほど完成が遠のくような錯覚に陥り途方に暮れる私を、温かく厳しく励ましてくださり、親身になって一緒に考えてくださる先生の言葉に何度も救われて、ようやく完成させることができました。あらためて心より感謝申し上げます。

　また、お茶の水女子大学・内藤俊史先生、浜口順子先生、新名謙二先生、水村真由美先生には、論文審査において、多くの貴重なご指導、ご助言を賜りました。力足らずの私に、研究の進め方や今後の研究の課題、展望にいたるまで丁寧にご指導いただきました。厚く御礼申し上げます。

　本研究を通して、学生の頃から現在に至るまでの自分自身の取り組みがようやく一本の線で繋がったようにも感じています。学部生の頃から大学院、助手時代を通して、ご指導くださった石黒節子先生をはじめ、お世話になった先生方、先輩方にあらためて感謝申し上げます。

　そして、いま、あらためて、小林芳文先生とムーブメント教育との出逢いに深く感謝いたします。パラシュートムーブメントの輪に笑顔で誘ってくださったあの日からずっと、温かく力強く導いてくださいました。

　これまで先生方にご指導いただいたことを今後の実践や研究教育に生かし伝える努力を重ねることで、少しずつでも恩返しができればと誓っております。

　さらに、これまで共に遊びの場を創ってくれた子どもたちとご家族の方々、和光大学の学生、卒業生たちとの大切なご縁に感謝いたします。皆さんの存在がなければ、本研究は成し得ませんでした。一人ひとりの笑顔を思い浮かべながら、一人ずつにありがとうの気持ちを伝えたいと思います。

　本書の出版は、独立行政法人日本学術振興会平成29年度科学研究費助成事業科

学研究費補助金、研究成果公開促進費「学術図書」（課題番号17HP5230）の交付を受けております。出版に際して、多賀出版株式会社 編集部の佐藤和也氏には、きめ細かなサポートと的確なアドバイスをいただきました。感謝申し上げます。

　最後に、支えてくれた夫と毎日に生きる喜びを与えてくれる二人の息子たち、そして、いつも見守り励ましてくれる父と母に、感謝の言葉を綴ります。

　　2017年10月吉日

大橋　さつき

著者紹介

大橋さつき（おおはし　さつき）

1996年　お茶の水女子大学文教育学部舞踊教育学科卒業
1998年　お茶の水女子大学大学院人文科学研究科修了
　　　　千葉県立国府台高等学校専任講師（保健体育科）
1999年　お茶の水女子大学大学院人間文化研究科助手
2002年　和光大学人間関係学部人間発達学科専任講師
2007年　和光大学現代人間学部身体環境共生学科准教授（現職）
2016年　学位取得　博士（学術）お茶の水女子大学大学院人間文化創成学研究科
専門は、身体表現論、舞踊教育学、ムーブメント教育。
保育・幼児教育、子育て支援、障がい児支援等の現場で、身体表現や創造的な遊び活動によるプログラムの実施及びスタッフ研修を展開。共生・共創をめざした舞台づくりへの挑戦を継続中。
著書に、『発達障がい児の育成・支援とムーブメント教育』（大修館書店）、『遊び場づくりに活かすムーブメント教育・療法』（明治図書出版）、『特別支援教育・体育に活かすダンスムーブメント』（明治図書出版）など。

発達障がい児を育む「創造的身体表現遊び」の実証的研究

2018年1月25日　第1版第1刷発行

Ⓒ著　者　　大橋さつき
発行所　　多賀出版株式会社
〒102-0072　東京都千代田区飯田橋3-2-4
電　話：03（3262）9996㈹
E-mail:taga@msh.biglobe.ne.jp
http://www.taga-shuppan.co.jp/

印刷／文昇堂　製本／高地製本

〈検印省略〉　　　　　　　落丁・乱丁本はお取り替え致します。

ISBN978-4-8115-7961-0　C1036